The 바른 힌디어 첫걸음

저자 ㅣ 강민구

The 바른 힌디어 첫걸음

초 판 인 쇄	2019년 11월 29일
초 판 2 쇄	2023년 07월 01일

지 은 이	강민구
감 수	쿠마르 라제쉬(Kumar Rajesh)
펴 낸 이	임승빈
편 집 책 임	정유항, 김하진
편 집 진 행	송영정
조 판	오미원
표 지 디 자 인	이승연
내 지 디 자 인	디자인캠프
일 러 스 트	손도영
마 케 팅	염경용, 이동민, 이서빈

펴 낸 곳	ECK북스
주 소	서울시 마포구 창전로 2길 27 [04098]
대 표 전 화	02-733-9950
팩 스	02-6394-5801
홈 페 이 지	www.eckbooks.kr
이 메 일	eck@eckedu.com
등 록 번 호	제 2020-000303호
등 록 일 자	2000. 2. 15

I S B N	978-89-92281-89-8
정 가	18,000원

The 바른 힌디어 첫걸음

저자 | 강민구

ECK Books

저자의 말

　인도는 거대한 영토와 복잡한 역사를 이유로 다양한 문화가 혼합된 나라입니다. 종교부터 시작해서 음식, 인종, 지리, 기후, 문화 등 하나로 정의할 수 없는 나라가 바로 인도입니다. 그러한 만큼 아주 매력있는 나라이기도 합니다.

　이 교재를 통해 여러분이 학습하게 될 언어는 힌디어(हिंदी)입니다. 인도 정부는 영어와 힌디어를 포함해서 인도의 공식 언어로 23개의 언어를 인정하고 있는데, 그 중 모국어로서 사용 인구가 가장 많은 언어가 바로 힌디어입니다. 2019년 현재, 인도 정부에서도 힌디어의 사용을 장려하기 위해 다양한 노력을 하고 있습니다. 앞으로 인도의 경제성장과 함께 힌디어의 중요성도 높아질 것으로 보입니다.

　언어는 단순히 문법을 통해 구사하는 글자에 그치는 것이 아닙니다. 언어는 해당 문화권 사람들의 사고방식을 들여다볼 수 있는 창문입니다. 해당 문화권 사람들이 갖고 있는 고유의 시간 관념, 사물을 보는 방식 등이 녹아있는 것이 바로 언어입니다. 그래서 특정 문화권의 언어를 능숙하게 구사한다는 것은 해당 문화권 사람들의 사고방식을 체험하는 것과도 같습니다. 인도의 문화를 느끼고 인도 사람들과 공감하는 가장 빠른 방법 중 하나는 그들이 사용하고 있는 언어를 배우는 것입니다.

본 교재는 힌디어를 처음 학습하는 분들을 위해 집필되었습니다. 난해한 표현이나 단어들보다는 실생활에서 많이 쓰는 표현을 위주로 다양한 예문들을 실어 처음 공부하는 학습자들도 쉽게 익힐 수 있도록 구성하였습니다.

인도는 항상 저의 마음의 고향입니다. 제 고향의 언어를 가르친다는 생각으로 이 책을 썼습니다. 힌디어를 배우는 목적은 여행, 사업, 취미 등 다양할 것이라 생각됩니다. 이 책이 그런 다양한 목적을 이루기 위한 초석이 되기를 진심으로 기원합니다.

마지막으로, 본 교재가 출판될 수 있도록 힘써주신 ECK교육 임승빈 대표님, 힌디어를 모름에도 편집에 많은 힘을 써주신 송영정 편집자님, 힌디어와 관련해서 깊은 도움을 준 Amulya, 힌디어 녹음에 흔쾌히 협조해 준 Shekhar와 Padma께 감사드립니다. 묵묵히 제가 걷는 길에 항상 밝은 등불이 되어주는 가족들과 친구들께도 마음 깊이 감사드립니다.

저자 강 민 구

목차

이 책의 구성과 특징

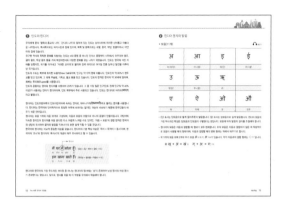

예비학습

예비학습

힌디어 문자와 발음, 자음과 모음의 조합 규칙 및 단어를 읽는 방법을 자세히 설명합니다. 본 학습에 앞서 반드시 먼저 학습하세요.

회화

일상생활을 주제로 한 기초 대화문을 학습합니다. 처음엔 가볍게 읽어 보고, 문법을 학습한 후에 다시 한번 읽어 보기를 권합니다. 학습 편의를 위해 한글로 발음을 표기하였으나 정확한 발음은 꼭 MP3 파일을 듣고 확인하세요.

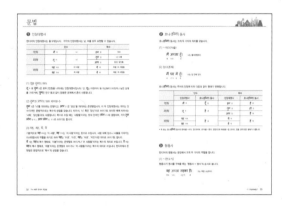

문법

대화문에 나오는 주요 문법을 학습합니다. 힌디어 입문 및 초급 단계의 필수 문법을 다양한 예문과 함께 알기 쉽게 설명했습니다.

문형연습

문법에서 학습한 주요 문형을 다양한 예문을 통해 반복 연습할 수 있도록 구성하였습니다.

어휘

일상생활과 관련된 다양한 기초 어휘를 학습합니다. MP3 파일을 들으며 발음도 같이 익혀 보세요.

연습문제

문제 풀이를 통해 학습한 내용을 복습하고 정리합니다. 문법, 쓰기, 듣기 등 다양한 형식의 문제를 제공합니다.

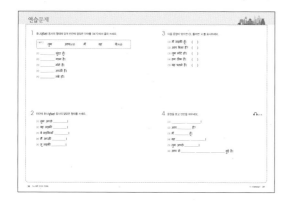

인도 문화기행

인도의 문화와 생활 방식 등을 소개합니다. 인도에 관한 다양한 정보를 통해 인도 문화를 이해하는 폭을 넓혀 보세요.

MP3 다운로드 방법

본 교재의 MP3 파일은 www.eckbooks.kr에서 무료로 다운로드 받을 수 있습니다.
QR 코드를 찍으면 다운로드 페이지로 이동합니다.

예비학습

학습 내용

- 인도와 힌디어
- 힌디어 문자와 발음
- 힌디어 자음과 모음의 조합
- 힌디어 복자음과 비음
- 힌디어 단어 읽기
- 힌디어 기초 필수 표현

① 인도와 힌디어

우리에게 흔히 '철학과 종교의 나라', '간디의 나라'로 알려져 있는 인도는 남아시아에 위치한 신비롭고 아름다운 나라입니다. 북서쪽으로는 파키스탄과 접해 있으며, 북쪽 및 동쪽으로는 네팔, 중국, 부탄, 방글라데시, 미얀마와 접해 있습니다.

유구한 역사와 독특한 문화를 자랑하는 인도는 4대 문명 중 하나인 인더스 문명부터 시작해서, 마우리아 왕조, 굽타 왕조, 무갈 왕조 등을 거쳐 복잡하면서도 다양한 문화를 갖는 나라가 되었습니다. 인도는 영국에 식민 지배를 당했지만, 위기를 이겨내고 '거대한 코끼리'로 불리며 경제 대국으로 여겨질 만큼 눈부신 발전을 이루어낸 국가입니다.

인도의 수도는 북부에 위치한 뉴델리(New Delhi)이며, 인구는 약 13억 명에 이릅니다. 인도인의 약 80%가 힌두교를 믿고 있으며, 그 외에 무슬림, 기독교, 불교 등을 믿고 있습니다. 인도의 면적은 한국의 약 30배에 달하며, 화폐는 루피화(Rupee)를 사용합니다.

인도의 공용어는 영어와 힌디어를 비롯하여 23개가 있습니다. 그 중 가장 많은 인구(인도 전체 인구의 약 40% 이상)가 사용하는 언어가 힌디어이며, 인도 북부에서 주로 사용되고 있습니다. 인도는 힌디어로 바라뜨(**भारत**)라고 불립니다.

힌디어는 인도유럽어족의 인도이란어파에 속하는 언어로, 데바나가리(**देवनागरी**)라고 불리는 문자를 사용합니다. 힌디어는 한국어와 언어학적으로 동일한 어족에 속하지는 않지만, 어순이 비슷하기 때문에 한국인들이 배우기 쉬운 언어입니다.

힌디어는 모음 11개와 자음 35개로 구성되며, 자음과 모음의 조합으로 하나의 음절이 만들어집니다. 라틴어에 익숙한 한국인이 힌디어를 처음 본다면 다소 어렵게 느껴질 수도 있지만, '자음 + 모음'의 결합 법칙은 한국어와 상당히 유사하여 글자와 발음을 익혀나가다 보면 쉽게 익힐 수 있을 것입니다.

한국어와 힌디어는 비교적 동일한 어순을 갖습니다. 힌디어의 기본 핵심 어순은 '주어 + 목적어 + 동사'이며, 한국어의 '조사'와 힌디어의 '후치사'의 개념이 매우 유사하다고 할 수 있습니다.

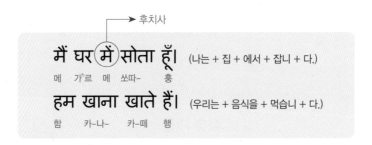

힌디어와 한국어의 가장 두드러진 차이점 중 하나는 힌디어의 명사에는 '성'이 존재하여 남성 명사와 여성 명사가 존재한다는 점입니다. 앞으로, 명사를 외울 때 이 부분을 유의해서 학습해야 합니다.

② 힌디어 문자와 발음

• 모음(11개)

🎧 00-1

अ	आ	इ	ई
아/어(단)	아-(장)	이(단)	이-(장)
उ	ऊ	ऋ	
우(단)	우-(장)	리	
ए	ऐ	ओ	औ
에	아에	오	오우

– (단) 표시는 단모음으로 짧게 끊어주듯이 발음합니다. (장) 표시는 장모음으로 길게 발음합니다. 힌디어 모음의 가장 두드러진 특징은 장모음과 단모음이 구별된다는 점입니다. 모음에 따라 발음의 길이를 조절해야 합니다.

– 힌디어의 모음은 자음과 결합할 때 형태가 모두 변화합니다. 위의 모음은 자음과 결합하지 않은 채 독립적으로 모음이 사용될 때의 형태이며, 자음과 결합할 때의 변화 형태는 뒤에서 배우기로 합니다.

– 위 11개의 모음 외에 2개의 추가 모음 अं 앙/암/안, अः 아흐가 있습니다. 각각 자음과의 결합 형태는 ◌ं, ◌ः 입니다.

　　예 ख् + अं = खं 캉　　ग् + अः = गः 가흐

क	ख	ग	घ	ङ
까	카	가	가ʰ	앙
च	छ	ज	झ	ञ
짜	차	자	자ʰ	냥
ट	ठ	ड	ढ	ण
따	타	다	다ʰ	나
त	थ	द	ध	न
따	타	다	다ʰ	나
प	फ	ब	भ	म
빠	파	바	바ʰ	마
य	र	ल	व	
야	라(r)	라(l)	와(v/w)	
श	ष	स	ह	
샤	샤	싸	하	
ड़	ढ़			
라	라ʰ			

* 밑줄이 표시된 자음은 혀 끝을 입천장에 대고 발음합니다.
* h 표시가 있는 자음은 발음과 동시에 바람을 내뱉어 주면서 발음합니다.

❸ 힌디어 자음과 모음의 조합

- 자음과 모음이 결합하면, 발음할 수 있는 하나의 음절이 발생합니다. 앞에서 배웠듯이 자음과 모음이 결합하면 모음의 형태가 변화하는데 이를 반드시 알아두어야 합니다.

- 모음이 결합되지 않은 순수 자음 밑에는 ◌্ 할 표시가 붙습니다. 이는 어떠한 모음도 결합되지 않은 순수한 자음이라는 의미입니다. ◌্이 붙은 자음과 모음이 결합하여 하나의 음가가 발생하며, 형태적으로는 아래와 같이 변화가 일어납니다.

모음	자음과 결합 시 형태 변화	자음 + 모음	결합형
अ	자음의 ◌্ 제거	क् + अ	क 까
आ	◌ा	च् + आ	चा 짜-
इ	ि◌	त् + इ	ति 띠
ई	◌ी	ट् + ई	टी 띠-
उ	◌ु	म् + उ	मु 무
ऊ	◌ू	ह् + ऊ	हू 후-
ऋ	◌ृ	प् + ऋ	पृ 쁘리
ए	◌े	स् + ए	से 쎄
ऐ	◌ै	व् + ऐ	वै 봐에
ओ	◌ो	ल् + ओ	लो 로
औ	◌ौ	ड् + औ	डौ 도우

- 모든 경우의 자모음 조합에서 모음은 위와 같이 변화합니다. 단, 위와 같이 변화하지 않는 몇 가지 예외사항은 아래와 같습니다.

र् + उ	रु 루
र् + ऊ	रू 루-
ह् + ऋ	हृ 흐리

자음＼모음	अ	आ	इ	ई	उ	ऊ
क्	क	का	कि	की	कु	कू
ख्	ख	खा	खि	खी	खु	खू
ग्	ग	गा	गि	गी	गु	गू
घ्	घ	घा	घि	घी	घु	घू
च्	च	चा	चि	ची	चु	चू
छ्	छ	छा	छि	छी	छु	छू
ज्	ज	जा	जि	जी	जु	जू
झ्	झ	झा	झि	झी	झु	झू
ट्	ट	टा	टि	टी	टु	टू

모음 자음	ऋ	ए	ऐ	ओ	औ
क्	कृ	के	कै	को	कौ
ख्	खृ	खे	खै	खो	खौ
ग्	गृ	गे	गै	गो	गौ
घ्	घृ	घे	घै	घो	घौ
च्	चृ	चे	चै	चो	चौ
छ्	छृ	छे	छै	छो	छौ
ज्	जृ	जे	जै	जो	जौ
झ्	झृ	झे	झै	झो	झौ
ट्	टृ	टे	टै	टो	टौ

모음 자음	अ	आ	इ	ई	उ	ऊ
ठ्	ठ	ठा	ठि	ठी	ठु	ठू
ड्	ड	डा	डि	डी	डु	डू
ढ्	ढ	ढा	ढि	ढी	ढु	ढू
ण्	ण	णा	णि	णी	णु	णू
त्	त	ता	ति	ती	तु	तू
थ्	थ	था	थि	थी	थु	थू
द्	द	दा	दि	दी	दु	दू
ध्	ध	धा	धि	धी	धु	धू

모음 자음	ऋ	ए	ऐ	ओ	औ
ठ्	ठृ	ठे	ठै	ठो	ठौ
ड्	डृ	डे	डै	डो	डौ
ढ्	ढृ	ढे	ढै	ढो	ढौ
ण्	णृ	णे	णै	णो	णौ
त्	तृ	ते	तै	तो	तौ
थ्	थृ	थे	थै	थो	थौ
द्	दृ	दे	दै	दो	दौ
ध्	धृ	धे	धै	धो	धौ

모음 자음	अ	आ	इ	ई	उ	ऊ
न्	न	ना	नि	नी	नु	नू
प्	प	पा	पि	पी	पु	पू
फ्	फ	फा	फि	फी	फु	फू
ब्	ब	बा	बि	बी	बु	बू
भ्	भ	भा	भि	भी	भु	भू
म्	म	मा	मि	मी	मु	मू
य्	य	या	यि	यी	यु	यू
र्	र	रा	रि	री	रु	रू

모음 자음	ऋ	ए	ऐ	ओ	औ
न्	नृ	ने	नै	नो	नौ
प्	पृ	पे	पै	पो	पौ
फ्	फृ	फे	फै	फो	फौ
ब्	बृ	बे	बै	बो	बौ
भ्	भृ	भे	भै	भो	भौ
म्	मृ	मे	मै	मो	मौ
य्	यृ	ये	यै	यो	यौ
र्	रृ	रे	रै	रो	रौ

모음 자음	अ	आ	इ	ई	उ	ऊ
ल्	ल	ला	लि	ली	लु	लू
व्	व	वा	वि	वी	वु	वू
श्	श	शा	शि	शी	शु	शू
ष्	ष	षा	षि	षी	षु	षू
स्	स	सा	सि	सी	सु	सू
ह्	ह	हा	हि	ही	हु	हू
ड़्	ड़	ड़ा	ड़ि	ड़ी	ड़ु	ड़ू
ढ़्	ढ़	ढ़ा	ढ़ि	ढ़ी	ढ़ु	ढ़ू

모음 자음	ऋ	ए	ऐ	ओ	औ
ल्	लृ	ले	लै	लो	लौ
व्	वृ	वे	वै	वो	वौ
श्	शृ	शे	शै	शो	शौ
ष्	षृ	षे	षै	षो	षौ
स्	सृ	से	सै	सो	सौ
ह्	हृ	हे	है	हो	हौ
ड़्	ड़ृ	ड़े	ड़ै	ड़ो	ड़ौ
ढ़्	ढ़ृ	ढ़े	ढ़ै	ढ़ो	ढ़ौ

❹ 힌디어 복자음과 비음

● 복자음

복자음은 자음이 2개 이상 결합되어 만들어진 자음입니다. 자음이 결합되어 복자음이 될 때, 맨 마지막 자음을 제외한 그 이전 자음들의 밑에는 ◌ੂ 할 표시가 붙습니다. 이는 자음과 자음 사이에 어떠한 모음도 없이 순수 자음끼리 결합했음을 의미합니다. ◌ੂ 표시가 붙은 자음은 모음이 없으므로, 발음할 때에는 [으]를 첨가하여 발음합니다.

● 복자음의 규칙　🎧 00-3

(1) 수직선이 있는 자음 + 자음

수직선이 있는 자음과 자음이 결합할 때, 수직선이 있는 자음의 오른쪽 부분을 지워서 표기합니다.

च् + छ → च्छ　예 अच्छा 앗차- 좋은

ध् + य → ध्य　예 ध्यान 댠ʰ- 주의

स् + ट → स्ट　예 रेस्टोरेंट 레스또렌뜨 식당

(2) 수직선이 없는 자음 + 자음

수직선이 없는 자음과 자음이 결합할 때, 수직선이 없는 자음 밑에 붙은 ◌ੂ 표시를 그대로 살려서 표기합니다.

ठ् + य → ठ्य　예 पाठ्य 빠-텨 배울 만한

ट् + य → ट्य　예 ट्यूलिप 뜔-립 튤립

ट् + ठ → ट्ठ　예 चिट्ठी 찟티- 편지

위의 마지막 경우처럼, 뒤에 오는 자음을 밑에 쓰는 경우도 있습니다.

(3) र् 자음이 들어간 복자음

र् 자음이 들어간 복자음은 र् 자음의 위치에 따라 고유의 형태로 변화합니다.

－ र् 자음이 앞에 오는 경우에는 뒤의 자음의 윗부분에 갈고리 형태로 올라갑니다.

र् + क → र्क　예 मार्क 마-르끄 표시

र् + थ → र्थ　예 अर्थ 아르트 의미

र् + म → र्म　예 धर्म 다ʰ름 종교

– र 자음이 뒤에 오는 경우에는 다음 2가지의 경우로 나뉩니다.

① र 자음 앞의 자음이 수직선이 있는 경우

क् + र → क्र　　예 कार्यक्रम 까-르여끄람　프로그램

ग् + र → ग्र　　예 संग्रह 쌍그라흐　모음

प् + र → प्र　　예 लोकप्रिय 로끄쁘리여　인기 있는

② र 자음 앞의 자음이 수직선이 없는 경우

ट् + र → ट्र　　예 ट्रेन 뜨렌　기차

ड् + र → ड्र　　예 ड्रामा 드라-마-　드라마

(4) 형태가 완전히 바뀌는 복자음

앞의 복자음들은 조합 결과를 보았을 때, 어떤 자음들이 합쳐졌는지 형태를 보고 유추가 가능합니다. 하지만, 원래 자음의 형태에서 전혀 다른 형태로 변화하는 복자음이 있습니다.

क् + ष → क्ष　　예 कक्षा 깍샤-　수업

त् + र → त्र　　예 पत्र 빠뜨르　편지

ज् + ञ → ज्ञ　　예 विज्ञापन 비갸-빤　광고

श + र → श्र　　예 श्री 슈리-　씨, 님(Mr.)

द् + य → द्य　　예 मद्य 마드여　술

• 비음　　🎧 00-4

비음은 코로 공기를 내보내면서 내는 소리를 말하며, 비음의 기본적인 원리는 복자음에 있습니다. 비음은 ँ 짠드라빈두 혹은 ं 빈두로 표시합니다. 따라서 ँ 짠드라빈두 혹은 ं 빈두가 붙은 글자는 비음으로 발음합니다.

비음의 독음법은 비음 뒤에 위치한 자음의 종류에 따라서 달라집니다.

① 비음 뒤에 자음 क, ख, ग, घ, ह가 올 경우, 비음은 ङ에 ्을 붙여서 읽습니다.

गंगा = गङ्गा 강가-　갠지스강

पंखा = पङ्खा 빵카-　선풍기

② 비음 뒤에 자음 च, छ, ज, झ, य가 올 경우, 비음은 ञ에 ्을 붙여서 읽습니다.

अंजीर = अञ्जीर 안지-르 무화과

चंचल = चञ्चल 짠짤 요동치는

③ 비음 뒤에 자음 त, थ, द, ध, न, श, स, र, ल가 올 경우, 비음은 न에 ्을 붙여서 읽습니다.

आनंद = आनन्द 아-난드 기쁨, 행복

हिंदी = हिन्दी 힌디- 힌디어

④ 비음 뒤에 자음 प, फ, ब, भ, म, व가 올 경우, 비음은 म에 ्을 붙여서 읽습니다.

आरंभ = आरम्भ 아-람브 시작

कंबल = कम्बल 깜발 담요

⑤ 앞의 경우 외에, 비음 뒤에 어떤 자음도 오지 않을 경우에는 콧소리(앙)로 읽습니다.

यहाँ 여항- 이곳, 여기   हाँ 항- 네

* 위 ①∼④의 두 가지 복자음 표기법은 상황에 따라 모두 사용됩니다.

⑤ 힌디어 단어 읽기 🎧 00-5

• 힌디어를 읽을 때 주의할 점

① 단어의 마지막에 자음과 모음 अ 아가 결합되면, 해당 음절의 모음은 묵음이 되어 [으]로 발음되거나 받침으로 들어갑니다.

कलम 깔람 펜   मकान 마깐- 집   घर 가르 집   किताब 끼땁- 책

② 단어가 '자음 + 모음 + 자음 + 모음 अ + 자음 + 모음' 순서로 조합된 경우, 2번째 모음 अ 아는 묵음이 되어 [으]로 발음됩니다.

लड़का 라르까- 소년   खिड़की 키르끼- 창문

③ 단어가 '자음 + 모음 अ + ह' 순서로 조합되면 첫 번째 자음에 결합된 모음이 [에]로 발음됩니다.

बहन 베헌 누이   शहर 셰하르 도시

④ य 야 혹은 व 바/와가 단어의 마지막에 올 경우에는 각각 [에], [우]에 가깝게 발음됩니다.

गाय 가-에 암소   तनाव 따나-우 긴장

6 힌디어 기초 필수 표현 🎧 00-6

नमस्ते जी। 나마스떼 지-   안녕하세요.

आप कैसे हैं? 압- 께쎄 행   잘 지내세요?

मैं ठीक हूँ। 메 틱- 훙   저는 잘 지내요.

आप का नाम क्या है? 압- 까- 남- 꺄- 해   성함이 어떻게 되세요?

मेरा नाम ○○ है। 메라- 남- ○○ 해   저의 이름은 ○○입니다.

आप से मिलकर बहुत खुशी हुई है। 압- 쎄 밀까르 바후뜨 쿠시- 후이- 해   만나 뵙게 되어서 반갑습니다.

फिर मिलेंगे। 피르 밀렝게   다음에 봐요.

मौसम कैसा है? 모우쌈 께싸- 해   날씨가 어떤가요?

बहुत अच्छा है। 바훌뜨 아차- 해   아주 좋습니다.

यह कितने का है? 예흐 끼뜨네 까- 해   이것은 얼마인가요?

महंगा है। 메헹가- 해   비쌉니다.

सस्ता है। 싸스따- 해   쌉니다.

कम कीजिए। 깜 끼-지에   깎아주세요.

धन्यवाद। 단ʰ야와-드   감사합니다.

सॉरी। 쏘-리-   미안합니다.

यह क्या है? 여흐 꺄- 해   이것은 무엇인가요?

वह क्या है? 워흐 꺄- 해   저것은 무엇인가요?

यह ○○ है। 예흐 ○○ 해 이것은 ○○입니다.

वह ○○ है। 워흐 ○○ 해 저것은 ○○입니다.

यह दीजिए। 예흐 디-지에 이것을 주세요.

मैं आप से कुछ पूछूँगा। 메 압-쎄 꾸츠 뿌-충-가 몇 가지 묻겠습니다.

जवाब दीजिए। 자바-브 디-지에 대답을 해주세요.

कितने बजे हैं? 끼뜨네 바제 행 몇 시인가요?

01

नमस्ते जी!

안녕하세요!

주요문법

• 인칭대명사 • 호나(होना) 동사 • 형용사

대화를 듣고 큰 소리로 따라 읽어 보세요.

काव्या **नमस्ते जी!**

नमस्ते जी
나마스떼   지-

मिंगु **नमस्ते जी! आप कैसी हैं?**

나마스떼   지- 압- 께씨 행

काव्या **मैं बहुत अच्छी हूँ। और आप?**

메 바훌뜨 아치- 훙 오우르 압-

मिंगु **मैं भी बहुत अच्छा हूँ।**

메 비ʰ- 바훌뜨 아차- 훙

काव्या **आप से मिलकर बहुत खुशी हुई।**

압- 쎄 밀까르 바훌뜨 쿠씨- 후이-

मिंगु **मुझे भी आप से मिलकर बहुत खुशी हुई।**

무제 비ʰ- 압- 쎄 밀까르 바훌뜨 쿠씨- 후이-

해석 •

까비야	안녕하세요!
민구	안녕하세요! 잘 지내세요?
까비야	아주 잘 지내요. 당신은요?
민구	저도 아주 잘 지내요.
까비야	만나서 반가워요.
민구	저도 만나서 반가워요.

새 단어 •

□ **नमस्ते (जी)!** 나마스떼 (지-) 안녕하세요!

□ **जी** 지- 명 씨, 님, Sir

□ **आप** 압- 대 당신(2인칭 복수)

□ **कैसी** 께씨- 의 어떻게 (**कैसा** 께싸-의 여성 형태)

□ **मैं** 메 대 나(1인칭 단수)

□ **बहुत** 바훌뜨 부 매우

□ **अच्छा** 아차- 형 좋은

□ **और** 오우르 접 그리고

□ **भी** 비ʰ- 부 ~도, 또한

□ **से मिलकर** 쎄 밀까르 ~를 만나게 되어서

□ **खुशी** 쿠씨- 명 f. 기쁨

문법

❶ 인칭대명사

힌디어의 인칭대명사는 총 9개입니다. 각각의 인칭대명사는 남, 여를 모두 표현할 수 있습니다.

	단수		복수	
1인칭	**मैं** 메	나	**हम** 함	우리
2인칭	**तू** 뚜-	너	**तुम** 뚬	너, 너희
			आप 압-	당신, 당신들
3인칭	**यह** 예흐	이 사람	**ये** 예	이분, 이 사람들
	वह 워흐	저 사람	**वे** 웨	저분, 저 사람들

(1) तू와 तुम의 차이

तू 뚜-와 **तुम** 뚬은 모두 2인칭을 나타내는 인칭대명사입니다. 단, **तू**는 어린아이 등 자신보다 어리거나 낮은 상대를 가리키며, **तुम**은 친구 등과 같이 동등한 관계에서 흔히 사용됩니다.

(2) तुम과 आप의 의미 차이와 수

तुम 뚬은 '너'를 의미하는 반말이고, **आप** 압-은 '당신'을 의미하는 존댓말입니다. 이 두 인칭대명사는 의미는 단수이지만, 문법적으로는 복수의 성질을 갖습니다. 따라서, '너' 혹은 '당신'으로 쓰이기도 하지만 때에 따라서는 '너희', '당신들'로도 사용됩니다. 복수로 쓰일 때는 '사람들'이라는 뜻의 단어인 **लोग** 로그와 결합하여, 각각 **तुम लोग** 뚬 로그, **आप लोग** 압- 로그로 쓰이기도 합니다.

(3) यह, वह, ये, वे

기본적으로 **यह** 예흐는 '이 사람', **वह** 워흐는 '저 사람'이라는 뜻으로 쓰입니다. 사람 외에 장소나 사물을 가리키는 지시대명사의 역할을 하기도 하여 **यह**는 '이곳', '이것', **वह**는 '저곳', '저것'이란 의미로 쓰이기도 합니다.
ये 예는 **यह**의 복수 형태로, '이분'이라는 존댓말로 쓰이거나 '이 사람들'이라는 복수의 의미로 쓰입니다. **वे** 웨는 **वह**의 복수 형태로, '저분'이라는 존댓말로 쓰이거나 '저 사람들'이라는 복수의 의미로 쓰입니다. 힌디어에서 존댓말은 문법적으로 '복수'의 성질을 갖습니다.

② 호나(होना) 동사

호나(होना) 동사는 크게 두 가지의 의미를 갖습니다.

(1) ~이다(서술)

मैं अच्छा हूँ। 나는 좋다(괜찮다).
메   아차-   훙

(2) 있다(존재)

मैं घर में हूँ। 나는 집 안에 있다.
메   가ʳ르   메   훙

호나(होना) 동사는 주어의 인칭에 따라 다음과 같이 형태가 변화합니다.

	단수		복수	
	인칭대명사	호나(होना) 동사	인칭대명사	호나(होना) 동사
1인칭	मैं 메	हूँ 훙	हम 함	हैं 행
2인칭	तू 뚜-	है 해	तुम 뚬	हो 호
			आप 압-	हैं 행
3인칭	यह 예흐	है 해	ये 예	हैं 행
	वह 워흐		वे 웨	

* 위 표는 호나(होना) 동사의 현재형(~이다, 있다)이며, 과거형(~였다, 있었다)과 미래형(~일 것이다, 있을 것이다)은 형태가 다릅니다.

③ 형용사

힌디어의 형용사는 문장에서 크게 두 가지의 역할을 합니다.

(1) ~한(수식)

형용사가 명사를 꾸며줄 때는 '형용사 + 명사'의 순서로 씁니다.

वह अच्छा लड़का है। 그는 착한 소년이다.
워흐   아차-   라르까-   해

문법

(2) ～하다(서술)

형용사가 명사를 서술할 때는 '형용사 + 호나 동사'의 형식으로 씁니다.

वह लड़का अच्छा है। 그 소년은 착하다.
워흐 라르까- 아차- 해

형용사는 두 가지 형태로 나뉘며, 각각의 형용사는 수식하거나 서술하는 대상, 즉 명사(주어, 목적어 등)의 성질에 따라 형태가 변화합니다.

① 끝이 आ로 끝나는 형용사

अच्छा 아차- 좋은   **बुरा** 부라- 나쁜   **बड़ा** 바라- 큰

छोटा 초따- 작은   **ठंडा** 탄다- 차가운   **पतला** 빠뜰라- 마른

मोटा 모따- 뚱뚱한, 두꺼운 **गंदा** 간다- 더러운   **लंबा** 람바- 긴, (키가) 큰

अंधेरा 안데-라 어두운   **हल्का** 할까- 가벼운

위와 같이 형용사의 끝이 आ로 끝나는 경우는 주어의 성과 수에 따라 다음과 같이 형태가 변화합니다.

명사		어미 형태	예시 (예시 단어는 위 형용사의 순서에 따름)
남성	단수	어미가 그대로 आ 아-	अच्छा, बुरा, बड़ा, छोटा, ठंडा, पतला, मोटा, गंदा, लंबा, अंधेरा, हल्का
	복수	어미가 ए 에로 변화	अच्छे, बुरे, बड़े, छोटे, ठंडे, पतले, मोटे,गंदे, लंबे, अंधेरे, हल्के
여성	단수	어미가 ई 이-로 변화	अच्छी, बुरी, बड़ी, छोटी, ठंडी, पतली, मोटी, गंदी, लंबी, अंधेरी, हल्की
	복수		

मैं अच्छा लड़का हूँ। 나는 착한 소년이다. (남성 단수)
메 아차- 라르까 훙

मैं अच्छी लड़की हूँ। 나는 착한 소녀이다. (여성 단수)
메 아치- 라르끼 훙

हम अच्छे लड़के हैं।　　우리는 착한 소년들이다. (남성 복수)

함　아체　라르께　행

हम अच्छी लड़कियाँ हैं।　　우리는 착한 소녀들이다. (여성 복수)

함　아치-　라르끼양-　행

명사의 복수형은 5과 참고

② 끝이 आ로 끝나지 않는 형용사

खाली 칼-리- 빈	सुंदर 순다르 아름다운	ठीक 티-끄 올바른
गरम 가람 뜨거운	दुखी 두키 슬픈	सुखी 쑤키- 기쁜
भारी 바ʰ-리- 무거운	गरीब 가립- 가난한	गोल 골 동그란
साफ 싸-프 깨끗한	लाल 랄- 붉은	मसालेदार 마쌀-레다-르 매운

위와 같이 형용사의 끝이 आ로 끝나지 않는 경우는 주어의 성과 수에 상관없이 형태가 변화하지 않습니다.

मैं सुंदर लड़का हूँ।　　나는 아름다운 소년이다. (남성 단수)

메　순다르　라르까　훙

मैं सुंदर लड़की हूँ।　　나는 아름다운 소녀이다. (여성 단수)

메　순다르　라르끼　훙

हम सुंदर लड़के हैं।　　우리는 아름다운 소년들이다. (남성 복수)

함　순다르　라르께　행

हम सुंदर लड़कियाँ हैं।　　우리는 아름다운 소녀들이다. (여성 복수)

함　순다르　라르끼양-　행

🔊 인칭대명사와 형용사를 활용하여 말해 보세요. 🎧 01-2

❶ मैं – हूँ `1인칭 단수`

मैं सुंदर हूँ। 나는 아름답습니다. (남성/여성)
메 순다르 훙

मैं अच्छी हूँ। 나는 좋습니다(잘 지냅니다). (여성)
메 아치- 훙

❷ हम – हैं `1인칭 복수`

हम छोटे हैं। 우리는 작습니다. (남성)
함 초떼 행

हम ठीक हैं। 우리는 옳습니다(괜찮습니다). (남성/여성)
함 티-끄 행

❸ तू – है `2인칭 단수`

तू कैसा है? 너는 어떠니? (남성)
뚜- 께싸- 해

तू मोटा है। 너는 뚱뚱하다. (남성)
뚜- 모따- 해

❹ तुम – हो `2인칭 복수`

तुम कैसी हो? 너는 어때? (여성)
뚬 께씨- 호

तुम लंबे हो। 너는 키가 크다. (남성)
뚬 람베 호

❺ आप – हैं `2인칭 복수`

आप कैसे हैं? 당신은 어떻게 지내세요? (남성)
압- 께쎄 행

आप पतली हैं। 당신은 말랐습니다. (여성)
압- 빠뜰리 행

❻ यह, वह – है `3인칭 단수`

यह कैसा है? 이것은 어때요? (남성)
예흐 께싸- 해

वह ठंडा है। 저것은 차갑습니다. (남성)
워흐 탄다- 해

❼ ये, वे – हैं `3인칭 복수`

वे कैसी हैं? 그분(들)은 어때요? (여성)
웨 께씨- 행

ये बड़ी हैं। 이것들은(이 사람들은) 큽니다. (여성)
예 바리- 행

어휘

◆ 기초 명사  01-3

लड़का

라르까-

m. 소년

लड़की

라르끼-

f. 소녀

बच्चा

밧짜-

m. 아이(남)

बच्ची

밧찌-

f. 아이(여)

पुरुष

뿌루슈

m. 남자

स्त्री

스뜨리-

f. 여자

कार

까-르

f. 자동차

पानी

빠-니-

m. 물

किताब

끼땁-

f. 책

खाना

카-나-

m. 음식

मेज

메즈

f. 책상

कुर्सी

꾸르씨-

f. 의자

कलम

깔람

m. 펜

दुकान

두깐-

f. 가게

घर

가르

f. 집

इमारत

이마-라뜨

f. 건물

खिड़की

키르끼-

f. 창문

कपड़ा

까쁘라-

m. 옷

कमरा

까므라-

m. 방

दरवाजा

다르와-자-

m. 문

연습문제

1 호나(होना) 동사의 형태에 맞게 빈칸에 알맞은 단어를 〈보기〉에서 골라 쓰세요.

| 보기 | तुम　　　　आप(남성)　　　मैं　　　वह　　　ये(여성) |

(1) _____ सुंदर हूँ।

(2) _____ गरम है।

(3) _____ मोटे हैं।

(4) _____ अच्छी हैं।

(5) _____ लंबे हो।

2 빈칸에 호나(होना) 동사의 알맞은 형태를 쓰세요.

(1) तुम अच्छे _____।

(2) वह लड़की _____।

(3) वे लड़कियाँ _____।

(4) मैं अच्छी _____।

(5) तू लड़की _____।

3 다음 문장이 맞으면 ○, 틀리면 ✕를 표시하세요.

(1) मैं लड़की हूँ।　(　)

(2) आप कैसा हैं?　(　)

(3) तुम मोटे हो।　(　)

(4) हम ठीक हैं।　(　)

(5) वह पतले हैं।　(　)

4 문장을 듣고 빈칸을 채우세요.　🎧 01-4

(1) _____ _____!

(2) आप _____ हैं?

(3) मैं _____ हूँ।

(4) वह _____ _____।

(5) तुम अच्छे _____।

(6) आप से _____ _____ _____ हुई है।

◆ 인도 사람의 인사 ◆

인도 사람과 만났을 때, 가장 기본적인 인사법은 양손을 합장한 뒤 살짝 고개를 숙이면서 '나마스떼 지'라고 말하는 것입니다. '지'라는 호칭은 상대방을 높이는 말로, 예의를 갖추는 표현입니다. 그러니 인도인과 처음 만나는 자리에서는 '나마스떼' 뒤에 '지'라는 호칭을 붙여 공손하게 인사하는 것이 좋습니다. '나마스떼 지'와 더불어 공손하게 인사하는 표현으로 '나마스까르'가 있습니다. 합장을 하여 인사하는 방식은 똑같으나 공식적이거나 좀더 예의를 갖춘 자리에서 사용할 수 있는 인사법입니다.

친구들끼리 편하게 인사하는 방법은 손을 흔들며 '람 람'이라고 하는 것입니다. 이는 비교적 편한 관계에서의 인사법이므로 인도인과 친해진 이후에 혹은 동년배에게 편안하게 사용할 수 있습니다. 이 외에도 영어의 영향으로, 일상생활에서 가볍게 '할로'라고 인사를 나누기도 합니다.

인도는 한국과 비슷하게 노인공경의 문화가 있습니다. 한국에서 어르신이나 스승님을 오랜만에 뵈었을 때 큰절을 올리는 것처럼 인도에는 '짜란 스파르슈(चरण स्पर्श)'라는 인사법이 있습니다. 이는 자신보다 높은 사람을 만나면 손을 뻗어 발을 만진 후에 합장을 하는 인사법입니다. 이 인사법은 어르신들에게 존경을 표하는 의미를 갖습니다.

▶ 인도의 인사

02

ये हिंदी की किताब और शब्दकोश हैं।

이것들은 힌디어 책과 사전입니다.

주요문법

• 평서문 • 의문문

회화

대화를 듣고 큰 소리로 따라 읽어 보세요.

काव्या	नमस्ते जी! आप कैसे हैं?
	나마스떼 지- 압- 께쎄 행
मिंगु	मैं ठीक हूँ। और आप?
	메 틱- 훙 오우르 압-
काव्या	मैं भी अच्छी हूँ। यह क्या है?
	메 비ʰ 아치- 훙 예흐 까 해
मिंगु	ये हिंदी की किताब और शब्दकोश हैं।
	예 힌디- 끼 끼땁- 오우르 샤브드꼬쉬 행
काव्या	बहुत अच्छा है। क्या आप विद्यार्थी हैं?
	바훌뜨 아차- 해 까 압- 비댜-르티 행
मिंगु	हाँ जी, मैं कॉलेज का विद्यार्थी हूँ।
	항- 지- 메 깔-레즈 까 비댜-르티 훙

TIP

बहुत अच्छा है(아주 훌륭하군요), अच्छा है(좋네요), ठीक है(그렇군요) 등과 같은 표현들은 인도인들의 언어 습관과 관련이 있습니다. 일상 대화에서 큰 의미를 갖는 표현이라기 보다는 상대방의 말을 경청하거나 맞장구칠 때 자주 사용합니다.

해석 ·

까비야	안녕하세요. 잘 지내세요?
민구	잘 지냅니다. 당신은요?
까비야	저도 아주 잘 지내요. 이것은 뭔가요?
민구	이것들은 힌디어 책과 사전이에요.
까비야	그렇군요. 당신은 학생인가요?
민구	네, 저는 대학생입니다.

새 단어 ·

- □ **क्या** 꺄- 의 무엇
- □ **हिंदी** 힌디- 명 *f.* 힌디어
- □ **का** 까- ~의(소유격 후치사) 후치사는 4과 참고
- □ **किताब** 끼땁- 명 *f.* 책

- □ **शब्दकोश** 샤브드꼬쉬 명 *m.* 사전
- □ **विद्यार्थी** 비댜-르티 명 *m.* 학생
- □ **कॉलेज** 깔-레즈 명 *m.* 대학교

문법

❶ 평서문

(1) 긍정문

힌디어는 기본적으로 한국어와 어순이 거의 비슷하여, 다음과 같은 순서로 말합니다.

> A + B + 호나(**होना**) 동사의 현재형
>
> A는 B입니다

위의 B의 자리에는 주로 A를 설명해주는 명사 혹은 형용사가 옵니다.

लड़का अच्छा है।　　소년은 착하다(훌륭하다).
라르까-　　아차-　　해

मैं कोरियाई हूँ।　　나는 한국인이다.
메　꼬리야-이-　훙

(2) 부정문

긍정문을 부정문으로 만들 때에는 **नहीं** 네힝- 을 씁니다. **नहीं**은 영어 not에 해당하는 부정부사입니다. 일반적으로, 명사/형용사를 부정할 때는 명사/형용사의 뒤에, 동사를 부정할 때는 동사의 앞에 씁니다.

> A + B + **नहीं** + 호나(**होना**) 동사의 현재형
>
> A는 B가 아닙니다

लड़का अच्छा नहीं है।　　소년은 착하지(훌륭하지) 않다.
라르까-　　아차-　　네힝-　해

मैं कोरियाई नहीं हूँ।　　나는 한국인이 아니다.
메　꼬리야-이-　네힝-　훙

❷ 의문문

힌디어의 의문문을 알기 위해서는 의문사 **क्या** ^까를 알아야 합니다. **क्या**는 '무엇'(사물)이란 뜻이며, 의문문에서 활용됩니다.

(1) 평서문을 활용하는 의문문

> **क्या** + A + B + 호나(**होना**) 동사의 현재형?
>
> A는 B입니까?

평서문 앞에 의문사 **क्या**를 붙이면 의문문이 됩니다. 대답은 **हाँ** ^항-(예) 또는 **नहीं** ^{네힝}-(아니오)으로 할 수 있습니다. **क्या**를 문장 앞에 붙이지 않고도 평서문의 끝을 올리면 의문문이 됩니다.

क्या लड़का अच्छा है?(= लड़का अच्छा है?) 소년은 착한가요?
까-　　라르까-　　아차-　　해

हाँ, लड़का अच्छा है। 네, 소년은 착합니다.
항-　　라르까-　　아차-　　해

नहीं, लड़का अच्छा नहीं है। 아니요, 소년은 착하지 않습니다.
네힝-　　라르까-　　아차-　　네힝-　　해

(2) 대상에 대해 묻는 의문문

> A + **क्या** + 호나(**होना**) 동사의 현재형?
>
> A는 무엇입니까?

사물의 정체에 대해 물을 때도 의문사 **क्या**를 씁니다.

यह क्या है? 이것은 무엇입니까?
예흐　　까-　　해

यह कपड़ा है। 이것은 옷입니다.
예흐　　까쁘라-　　해

🔊 평서문(긍정문, 부정문), 의문문을 활용하여 말해 보세요. 🎧 02-2

❶ 평서문 – 긍정문

यह मेज है। 이것은 책상입니다.
예흐 메즈 해

यह कोरिया है। 이곳은 한국입니다.
예흐 꼬리야– 해

वह भारत है। 저곳은 인도입니다.
워흐 바ʰ–라뜨 해

❷ 평서문 – 부정문

यह मेज नहीं है। 이것은 책상이 아닙니다.
예흐 메즈 네힝– 해

यह कोरिया नहीं है। 이곳은 한국이 아닙니다.
예흐 꼬리야– 네힝– 해

वह भारत नहीं है। 저곳은 인도가 아닙니다.
워흐 바ʰ–라뜨 네힝– 해

❸ 의문문

यह क्या है? – यह ट्रेन है। 이것은 무엇입니까? – 이것은 기차입니다.
예흐 까– 해 예흐 뜨렌 해

क्या वह कमरा है? – नहीं, वह कमरा नहीं है। 저것은 방입니까? – 아니요, 저것은 방이 아닙니다.
까– 워흐 까므라– 해 네힝– 워흐 까므라– 네힝– 해

यह लड़का लंबा है? – हाँ, यह लड़का लंबा है। 이 소년은 큽니까? – 네, 이 소년은 큽니다.
예흐 라르까 람바– 해 항– 예흐 라르까 람바– 해

वह लड़की छोटी है? – नहीं, वह लड़की छोटी नहीं है।
워흐 라르끼– 초띠– 해 네힝– 워흐 라르끼– 초띠– 네힝– 해
저 소녀는 작습니까? – 아니요, 저 소녀는 작지 않습니다.

어휘

◆ 국가　　　　　　　　　　　　　　　　　　　　　　🎧 02-3

भारत
바^ʰ-라뜨

m. 인도

कोरिया
꼬리야-

m. 한국

चीन
찐-

m. 중국

जापान
자-빠-

m. 일본

अमेरिका
아메리까-

m. 미국

इंग्लैंड
잉글렌드

m. 영국

फ्रांस
프랑-쓰

m. 프랑스

जर्मनी
절머니-

m. 독일

नेपाल
네빨-

m. 네팔

पाकिस्तान
빠-끼스딴-

m. 파키스탄

बांग्लादेश
방-글라-데쉬

m. 방글라데시

म्यांमार
므얀마-르

m. 미얀마

भूटान
부^ʰ-딴-

m. 부탄

रूस
루-쓰

m. 러시아

श्रीलंका
슈리-랑까-

m. 스리랑카

मालदीव
말-디-브

m. 몰디브

* 힌디어에서 국가명은 문법상 남성 명사로 취급합니다.

연습문제

1 다음 문장을 괄호 안의 형식으로 바꾸어 쓰세요.

(1) ये हिंदी की किताब और शब्दकोश हैं।

_____ । (부정문)

(2) वह कॉलेज का विद्यार्थी है।

_____ । (부정문)

(3) यह लड़का अच्छा है।

_____ ? (의문문)

(4) कमरा छोटा है?

_____ । (평서문)

(5) क्या कोरिया बड़ा है?

_____ । (평서문)

2 다음 질문에 괄호 안의 내용으로 답하세요.

(1) यह क्या है?

_____ । (책)

(2) वह क्या है?

_____ । (창문)

(3) क्या वह गाड़ी अच्छी है?

_____ । (긍정)

(4) क्या यह किताब मोटी है?

_____ । (부정)

(5) वह कॉलेज का विद्यार्थी है?

_____ । (긍정)

3 다음 문장이 맞으면 ○, 틀리면 ✕ 표시 후 올바르게 고치세요.

(1) 이것은 의자입니다.

यह कुर्सी है। (　　)　　　　　　　　→ _____।

(2) 나는 대학생입니다.

मैं कॉलेज का विद्यार्थी नहीं हूँ। (　　) → _____।

(3) 네, 이 옷은 큽니다.

नहीं, यह कपड़ा छोटा है। (　　)　　　→ _____।

(4) 저 집은 작습니까?

वह मकान क्या है? (　　)　　　　　　→ _____।

(5) 이것들은 힌디어 책과 사전입니다.

ये हिंदी की किताब और शब्दकोश हैं। (　　)

　　　　　　　　　　　　　　　　　　→ _____।

4 문장을 듣고 빈칸을 채우세요. 🎧 02-4

(1) यह _____ _____?

(2) हाँ, _____ _____ _____।

(3) मैं _____ _____ _____ हूँ।

(4) _____ वह _____ _____ _____?

(5) _____ _____ _____?

(6) नहीं, _____ _____ _____ _____ _____।

◆ 인도의 다양성 ◆

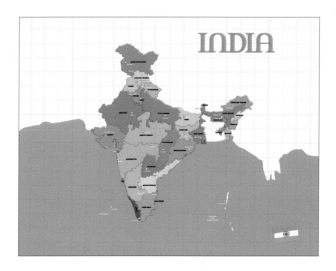

인도는 인구가 13억이 넘으며, 영토는 대한민국의 약 33배에 달하는 큰 나라입니다. 인도는 중앙정부 (Central Government)와 주정부(State Government)로 나뉘는 연방제 국가 형태이며 29개의 주(State)와 7개의 연방직할시로 나뉘어 있습니다.

이렇게 넓은 인도는 하나의 통일된 문화가 아닌, 다양하고 복합적인 문화를 갖고 있습니다.

인도의 대표적인 공식 언어는 힌디어(Hindi)와 영어(English)입니다. 하지만, 이 외에도 주별 공식 언어들이 21개가 존재합니다. 이렇게 셀 수 없이 많은 언어들이 쓰이는 곳이 인도입니다. 그래서 때로는 인도인들끼리도 의사소통이 되지 않는 경우도 있습니다. 사용하는 언어가 많다 보니, 2-3개 언어를 말하는 인도인들을 쉽게 만날 수 있습니다.

인도는 언어뿐만 아니라 종교도 매우 다양합니다. 물론 힌두교를 믿는 신자들이 인도 인구의 80% 정도를 차지하지만, 그 외에도 이슬람교(약 15%), 기독교, 불교, 시크교 등 매우 다양한 종교들이 존재합니다. 인도의 동북부로 갈수록 불교 신자들을 많이 볼 수 있으며, 남부로 갈수록 기독교 신자들을 볼 수 있습니다. 인도인들은 자신과 다른 종교를 갖고 있는 사람들을 존중하는 자세로 조화를 이루며 살아가고 있습니다.

03

यह मेरे परिवार का फोटो है।
이것은 저의 가족 사진입니다.

주요문법

- 의문사   • 명사의 단수와 복수

🎧 03-1

대화를 듣고 큰 소리로 따라 읽어 보세요.

काव्या **मिंगु यह क्या है?**
민구　예흐　꺄　해

मिंगु **यह मेरे परिवार का फोटो है।**
예흐　메레　빠리와-르　까　포또　해

काव्या **अच्छा। परिवार में कौन-कौन हैं?**
아차-　빠리와-르　메　꼬운-꼬운　행

मिंगु **परिवार में पिताजी, माताजी, छोटा भाई, छोटी बहन हैं।**
빠리와-르　메　삐따-지-　마-따-지-　초따-　바-이-　초띠-　베헌　행

काव्या **आप के भाई और बहन की उम्र कितनी है?**
압　께　바ʰ-이-　오우르　베헌　끼-　우무르　끼뜨니-　해

मिंगु **मेरा छोटा भाई 15 साल का है और मेरी छोटी बहन 18 साल की है।**
메라-　초따-　바ʰ-이-　빤드라-흐 쌀-　까-　해 오우르 메리-　초띠-　베헌　아타-라흐 쌀-　끼-　해

해석

까비야	민구 씨 이것은 뭐예요?
민구	이것은 저의 가족 사진입니다.
까비야	그렇군요. 가족에는 누구누구 있어요?
민구	가족에는 아버지, 어머니, 남동생, 여동생이 있어요.
까비야	당신의 남동생과 여동생의 나이는 몇 살인가요?
민구	저의 남동생은 15살이고 여동생은 18살이에요.

새 단어

- □ **मेरा** 메라- 대 나의(소유격) 형태 변화는 4과 참고
- □ **परिवार** 빠리와-르 명 *m.* 가족
- □ **फोटो** 포또 명 *m.* 사진
- □ **कौन** 꼬운 의 누구
- □ **पिता(जी)** 삐따-(지-) 명 *m.* 아버지
- □ **माता(जी)** 마-따-(지-) 명 *f.* 어머니
- □ **भाई** 바-이- 명 *m.* 남자 형제

- □ **बहन** 베헌 명 *f.* 여자 형제
- □ **उम्र** 우므르 명 *f.* 나이
- □ **कितना** 끼뜨나- 의 얼마나
- □ **पंद्रह** 빤드라-흐 수 15
- □ **साल** 쌀- 명 *m.* 해, 년(年), 살
- □ **अठारह** 아타-라흐 수 18

문법

❶ 의문사

의문사를 활용하여 다양한 정보를 물을 수 있습니다.

(1) क्या(무엇)

사물에 대해 물어보는 의문사로, 사람에게는 사용할 수 없습니다. 앞에서 학습했듯이, 평서문을 의문문으로 만들 때도 사용합니다.

यह क्या है? - यह किताब है। 이것은 무엇입니까? – 이것은 책입니다.
예흐 까- 해   예흐 끼땁- 해

क्या यह किताब है? 이것은 책입니까?
까- 예흐 끼땁- 해

(2) कौन(누구)

사람에 대해 물어보는 의문사입니다.

वह कौन है? 저 사람은 누구니?
워흐 꼬운 해

(3) कितना(얼마나)

양과 질, 정도를 물어보는 의문사입니다. 명사(주어, 목적어 등)를 꾸며줄 때는 명사의 성과 수에 따라서 형용사와 같은 패턴으로 형태가 변화합니다. 여성형(단수, 복수)은 **कितनी** 끼뜨니, 남성 복수형은 **कितने** 끼뜨네.

आप की बहन की उम्र कितनी है? 당신의 여동생의 나이는 몇 살입니까?
압- 끼 베헌 끼- 우므르 끼뜨니- 해

वहाँ कितने लोग आते हैं? 그곳에 몇 명의 사람들(얼마의 사람들)이 옵니까? `동사 미완료형 7과 참고`
워항- 끼뜨네 로그 아-떼 행

(4) कैसा(어떻게, 어떠한)

대상(주어, 목적어 등)의 상태가 '어떠한'지 물어볼 때 사용하는 의문사입니다. 마찬가지로, 서술하는 대상(주어, 목적어 등)의 성과 수에 따라서 형용사와 같은 패턴으로 형태가 변화합니다. 여성형(단수, 복수)은 **कैसी** 께씨-, 남성 복수형은 **कैसे** 께쎄.

आप कैसे हैं? 당신은 어떻습니까?(잘 지내십니까?)
압- 께쎄 행

(5) क्यों (왜)

이유를 물어보는 의문사입니다. 대답은 '왜냐하면'이라는 뜻의 **क्योंकि** 꽁끼를 써서 답합니다.

आप क्यों हिंदी पढ़ते हैं? 당신은 왜 힌디어를 공부합니까? 동사 미완료형 7과 참고

압- 꽁 힌디- 빠르^{h}떼 행

क्योंकि भारत अच्छा देश है। 왜냐하면 인도는 좋은 나라이기 때문입니다.

꽁끼 바^{h}-라뜨 아차- 데쉬 해

(6) कब (언제)

시간을 물어보는 의문사입니다.

तुम कब सोते हो? 너는 언제 자니? 동사 미완료형 7과 참고

뚬 깝 쏘떼 호

(7) कहाँ (어디)

장소를 물어보는 의문사입니다.

यह कहाँ है? 이곳은 어디입니까?

예흐 까항- 해

2 명사의 단수와 복수

힌디어의 모든 명사는 성(性)을 가지고 있습니다. 따라서, 모든 명사는 남성과 여성으로 나뉘며, 각각의 성에 따라 단수와 복수 형태가 다릅니다. 명사를 공부할 때에는 반드시 성을 함께 알아두어야 합니다.

- **남성 명사: 남성 명사는 두 가지 형태로 나뉩니다.**

(1) आ로 끝나는 남성 명사

आ 아-로 끝나는 남성 명사의 경우, 복수형은 단어 끝이 **आ**에서 **ए** 에로 변화합니다.

लड़का 라르까- 소년 → **लड़के** 라르께 소년들

बच्चा 밧짜- 아이(남자) → **बच्चे** 밧쩨 아이들(남자)

문법

(2) 그 외의 남성 명사

आ 아-로 끝나지 않는 남성 명사는 단수와 복수 형태가 같습니다.

कलम 깔람 펜 → कलम 깔람 펜들

घर 가ʰ르 집 → घर 가ʰ르 집들

● 남성 명사의 복수형

	단수	복수	뜻
आ 아-로 끝나는 남성 명사	लड़का 라르까-	लड़के 라르께	소년
	बच्चा 밧짜-	बच्चे 밧쩨	아이
	केला 껠라-	केले 껠레	바나나
	कमरा 까므라-	कमरे 까므레	방
그 외의 남성 명사	घर 가ʰ르	घर 가ʰ르	집
	कलम 깔람	कलम 깔람	펜
	हाथी 하-티-	हाथी 하-티-	코끼리
	आलू 알-루-	आलू 알-루-	감자

● 여성 명사: 여성 명사는 다섯 가지 형태로 나뉩니다.

(1) ई로 끝나는 여성 명사

ई 이-로 끝나는 여성 명사의 복수형은 단어 끝이 ई에서 इयाँ 이양-으로 변화합니다.

लड़की 라르끼- 소녀 → लड़कियाँ 라르끼양- 소녀들

बच्ची 밧찌- 아이(여자) → बच्चियाँ 밧찌양- 아이들(여자)

(2) आ로 끝나는 여성 명사

आ 아-로 끝나는 여성 명사의 복수형은 आ 뒤에 एँ 엥이 첨가됩니다.

भाषा 바ʰ-샤- 언어 → भाषाएँ 바ʰ-샤-엥 언어들

दवा 다와- 약 → दवाएँ 다와-엥 약들

(3) इया로 끝나는 여성 명사

इया 이야-로 끝나는 여성 명사의 복수형은 단어 끝이 **इया**에서 **इयाँ** 이양-으로 변화합니다.

चिड़िया 찌리야- 새 → **चिड़ियाँ** 찌리양- 새들

गुड़िया 구리야- 인형 → **गुड़ियाँ** 구리양- 인형들

(4) 자음으로 끝나는 여성 명사

자음으로 끝나는 여성 명사의 복수형은 단어 끝 자음에 **एँ** 엥이 첨가됩니다.

किताब 끼땁- 책 → **किताबें** 끼따-벵 책들

पुस्तक 뿌스따끄 책 → **पुस्तकें** 뿌스따껭 책들

(5) उ, ऊ로 끝나는 여성 명사

उ 우, ऊ 우-로 끝나는 여성 명사의 복수형은 단어 끝이 उ로 변화하고, **एँ** 엥이 첨가됩니다.

बहू 바후- 며느리 → **बहुएँ** 바후엥 며느리들

वस्तु 와스뚜 사물 → **वस्तुएँ** 와스뚜엥 사물들

● **여성 명사의 복수형**

	단수	복수	뜻
ई 이-로 끝나는 여성 명사	**लड़की** 라르끼-	**लड़कियाँ** 라르끼양-	소녀
	बच्ची 밧찌-	**बच्चियाँ** 밧찌양-	여아
आ 아-로 끝나는 여성 명사	**भाषा** 바ʰ-샤-	**भाषाएँ** 바ʰ-샤-엥	언어
	दवा 다와-	**दवाएँ** 다와-엥	약
इया 이야-로 끝나는 여성 명사	**चिड़िया** 찌리야-	**चिड़ियाँ** 찌리양-	새
	गुड़िया 구리야-	**गुड़ियाँ** 구리양-	인형
자음으로 끝나는 여성 명사	**किताब** 끼땁-	**किताबें** 끼따-벵	책
	पुस्तक 뿌스따끄	**पुस्तकें** 뿌스따껭	책
उ 우, ऊ 우-로 끝나는 여성 명사	**बहू** 바후-	**बहुएँ** 바후엥	며느리
	वस्तु 와스뚜	**वस्तुएँ** 와스뚜엥	사물

문형연습

🔊 의문사와 명사의 단수, 복수형을 활용하여 말해 보세요.　　🎧 03-2

❶ क्या(무엇)　　**ये क्या हैं?** 이것들은 무엇입니까?
예　까-　행

　　　　　ये पुस्तकें हैं। 이것들은 책들입니다.
예　뿌쓰따겡　행

❷ कौन(누구)　　**वह कौन है?** 저 사람은 누구입니까?
워흐　꼬운　해

　　　　　वह मेरा भाई है। 저 사람은 나의 형입니다.
워흐　메라-　바ʰ-이-　해

❸ कितना(얼마나)　　**यह केला कितने का है?** 이 바나나는 얼마인가요?
예흐　껠라-　끼뜨네　까-　해

　　　　　यह केला 200(दो सौ) रुपये का है। 이 바나나는 200루피입니다.
예흐　껠라-　도 쏘우　　루뻬　까-　해

❹ कैसा(어떻게)　　**वे चिड़ियाँ कैसी हैं?** 저 새들은 어떻습니까?
웨　찌리양-　께씨-　행

　　　　　वे चिड़ियाँ सुंदर हैं। 저 새들은 아름답습니다.
웨　찌리양-　순다르　행

❺ क्यों(왜)　　**आप क्यों हिंदी पढ़ते हैं?** 당신은 왜 힌디어를 공부하나요?
압-　꾱　힌디-　빠르떼　행

　　　　　क्योंकि हिंदी अच्छी भाषा है। 왜냐하면 힌디어는 훌륭한 언어이기 때문입니다.
꾱끼　힌디-　아치-　바ʰ-샤-　해

❻ कब(언제)　　**तुम कब सोते हो?** 너는 언제 자니?
뚬　깝　쏘떼　호

　　　　　मैं ग्यारह बजे सोता हूँ। 나는 11시에 자.　時間 표현은 7과 참고
메　갸-라흐　바제　소따-　훙

❼ कहाँ(어디)　　**यह कहाँ है?** 이곳은 어디입니까?
예흐　까항-　해

　　　　　यह भारत है। 이곳은 인도입니다.
예흐　바ʰ-라뜨　해

어휘

◆ 가족   🎧 03-3

माता 마-마-	*m.* 외삼촌	**मामी** 마-미-	*f.* 외숙모
भाई 바ʰ-이-	*m.* 남자 형제	**बहन** 베헌	*f.* 여자 형제
बेटा 베따-	*m.* 아들	**बेटी** 베띠-	*f.* 딸

＊실생활에서는 '숙모'의 영어식 표현인 **आंटी** 안-띠-도 많이 사용됩니다.

＊＊실생활에서는 '삼촌'의 영어식 표현인 **अंकल** 엉끌도 많이 사용됩니다.

연습문제

1 빈칸에 알맞은 의문사를 〈보기〉에서 골라 쓰세요.

| 보기 | क्या   कहाँ   कब   क्यों   कितना   कैसे   कौन

(1) 이것은 새입니까?

_____ यह चिड़िया है?

(2) 저 사람은 누구입니까?

वह _____ है?

(3) 당신은 왜 힌디어를 공부합니까?

आप _____ हिंदी पढ़ते हैं?

(4) 당신은 어떻습니까?

आप _____ हैं?

(5) 이곳은 어디입니까?

यह _____ है?

2 다음 문장을 단수는 복수로, 복수는 단수로 바꾸어 쓰세요.

(1) ये अच्छी दवाएँ हैं। → _____ ।
(2) वह हाथी है। → _____ ।
(3) वे घर हैं। → _____ ।
(4) वह आलू है। → _____ ।
(5) वे गुड़ियाँ हैं। → _____ ।

3 다음 질문에 괄호 안의 내용으로 답하세요.

(1) क्या यह भारत है?

_____ | (긍정)

(2) आप कैसे हैं?

_____ | (저는 잘 지냅니다.)

(3) यह कहाँ है?

_____ | (이곳은 한국입니다.)

(4) यह केला कितने का है?

_____ | (이 바나나는 200루피입니다.)

(5) वह कौन है?

_____ | (저 사람은 나의 조카입니다.)

4 문장을 듣고 빈칸을 채우세요. 🎧 03-4

(1) यह _____ _____ _____ _____ |

(2) _____ में _____ _____ हैं?

(3) परिवार में _____, _____, छोटा भाई, छोटी बहन हैं।

(4) आप के _____ और _____ की _____ _____ है?

(5) मेरी _____ _____ 18(अठारह) _____ है।

(6) मेरा _____ _____ 15(पंद्रह) _____ है।

◆ 인도의 가족 ◆

인도의 가족 문화는 전통적으로 한국과 비슷하게 대가족의 형태를 띄어 왔습니다. 그래서 인도의 가정집을 방문하면 할아버지, 할머니와 함께 생활하는 경우가 많고, 결혼을 하더라도 부모를 모시고 사는 가정이 많았습니다.

하지만, 이러한 가족 문화는 도시화가 빠르게 진행되고 경제가 발전하면서 많은 변화를 겪고 있습니다. 인도의 일반적인 가족 형태는 점점 핵가족화되어 가고 있으며 이에 따라 경제 활동에도 많은 영향을 주고 있습니다.

인도는 남아선호사상이 강한 국가입니다. 예로부터 행해 오던 신부 지참금(**दहेज** 아무르, 결혼을 할 때 신부측에서 신랑측에게 선물 명목으로 주는 돈) 제도나 여성에 대한 성(性)범죄, 사회적인 여성 차별 등의 이유로 남자 아이를 선호해 왔습니다. 이런 분위기 때문에 출생신고가 되지 않은 채 버려지는 여자 아이들이 사회적으로 큰 문제가 되기도 하며, 어린 딸과 극단적인 선택을 하는 부모들의 사례도 뉴스를 통해 접할 수 있습니다.

최근 인도 정부는 남아선호사상을 심각한 문제로 인식하고 이를 개선하기 위해 많은 노력을 하고 있습니다.

04

स्कूल में छात्र और छात्राएँ हैं।

학교에는 남학생들과 여학생들이 있습니다.

주요문법

• 후치사와 사격 변화   • 단순후치사

🎧 04-1

대화를 듣고 큰 소리로 따라 읽어 보세요.

미ंगु
आज स्कूल में कौन-कौन हैं?
아-즈 스꿀- 메 꼬운-꼬운 행

अध्यापक जी
स्कूल में छात्र और छात्राएँ हैं।
스꿀- 메 차-뜨르 오우르 차-뜨라-엥 행

미ंगु
ठीक है। क्या आज स्कूल में इवेंट है? उन दीवारों पर क्या हैं?
틱- 해 까 아-즈 스꿀- 메 이벤뜨 해 운 디-와-롱 빠르 꺄- 해

अध्यापक जी
हाँ जी, आज स्कूल में पेंटिंग इवेंट है।
항- 지 아-즈 스꿀- 메 뻬인띵 이벤뜨 해

वे छात्रों और छात्राओं के चित्र हैं। वे बहुत अच्छे चित्र हैं।
웨 차-뜨롱 오우르 차-뜨라-옹 께 찌뜨르 행 웨 바훌뜨 아체 찌뜨르 행

미ंगु
हाँ, वे चित्र बहुत अच्छे हैं। चित्रों में क्या-क्या हैं?
항- 웨 찌뜨르 바훌뜨 아체 행 찌뜨롱 메 꺄-꺄- 행

अध्यापक जी
चित्रों में छात्रों के अपने पसंदीदे जानवर हैं।
찌뜨롱 메 차-뜨롱 께 아쁘네 빠싼디-데 잔-와르 행

민구	오늘 학교에는 누구누구 있나요?
선생님	학교에는 남학생들과 여학생들이 있습니다.
민구	그렇군요. 오늘 학교에 행사가 있습니까? 그 벽들 위에는 뭐죠?
선생님	네, 오늘은 학교에 그림 행사가 있습니다.
	저것들은 학생들의 그림들입니다. 아주 훌륭한 그림들입니다.
민구	네, 저 그림들은 아주 훌륭하군요. 그림들에는 뭐가 있나요(무엇을 그렸나요)?
선생님	그림들에는 학생들 자신들이 좋아하는 동물들이 있습니다.

새 단어 •

- □ स्कूल 스꿀- 몡 *m.* 학교
- □ छात्र/छात्रा 차-뜨르/차-뜨라- 몡 *m.* 남학생/*f.* 여학생
- □ इवेंट 이벤뜨 몡 *m.* 이벤트
- □ दीवार 디-와-르 몡 *f.* 벽
- □ पर 빠르 후 ~ 위에

- □ पेंटिंग 뻬인띵 몡 *m.* 그림
- □ चित्र 찌뜨르 몡 *m.* 사진, 그림
- □ अपना 아쁘나- 형 대 자신의
- □ पसंदीदा 빠싼디-다 형 가장 좋아하는
- □ जानवर 잔-와르 몡 *m.* 동물, 짐승

문법

① 후치사와 사격 변화

힌디어의 후치사는 '~에', '~에게', '~ 안에' 등의 의미를 가진 말로, 영어의 전치사, 한국어의 조사 역할을 합니다. 힌디어의 어순상, 명사의 뒤에 위치한다고 하여 후치사라고 합니다. 후치사의 종류는 **का** 까-, **में** 메, **को** 꼬, **से** 쎄, **तक** 따끄, **पर** 빠르 등이 있습니다.

후치사의 가장 중요한 성질은 후치사와 결합하는 명사 및 형용사의 형태가 변화한다는 것입니다. 이를 사격 변화라고 합니다. 사격 변화는 명사의 성(性)과 수에 따라 형태가 달라집니다.

다음은 남성 명사, 여성 명사, 인칭대명사, 형용사의 사격 변화입니다.

(1) 남성 명사의 사격 변화

	직격 (후치사와 결합하지 않은 명사 형태)		사격 (후치사와 결합할 때의 명사 형태)	
	단수	복수	단수	복수
आ 아-로 끝날 때	**-आ** 아-	**-ए** 에	**-ए** 에 + 후치사	**-ओं** 옹 + 후치사
	लड़का 라르까- 소년	**लड़के** 라르께	**लड़के** 라르께	**लड़कों** 라르꽁
	बच्चा 밧짜- 아이(남)	**बच्चे** 밧쩨	**बच्चे** 밧쩨	**बच्चों** 밧쭝
	केला 껠라- 바나나	**केले** 껠레	**केले** 껠레	**केलों** 껠롱
	कमरा 까므라- 방	**कमरे** 까므레	**कमरे** 까므레	**कमरों** 까므롱
그 외	**-अ** 아, **-ई** 이, **-ऊ** 우 등	변화 없음	변화 없음 + 후치사	**-ओं** 옹, **यों** 용 + 후치사
	घर 가르 집	**घर** 가르	**घर** 가르	**घरों** 가롱
	कलम 깔람 펜	**कलम** 깔람	**कलम** 깔람	**कलमों** 깔라몽
	हाथी 하-티- 코끼리	**हाथी** 하-티-	**हाथी** 하-티-	**हाथियों** 하-티용
	आलू 알-루- 감자	**आलू** 알-루-	**आलू** 알-루-	**आलुओं** 알-루옹

हाथियों का घर 코끼리들의 집
하-티용　까-　가르

लड़कों के कलम 소년들의 펜들
라르꽁　께　깔람

बच्चों का कमरा 아이들의 방
밧쭝　까-　까므라-

(2) 여성 명사의 사격 변화

	직격 (후치사와 결합하지 않은 명사 형태)		사격 (후치사와 결합할 때의 명사 형태)	
	단수	복수	단수	복수
ई 이-로 끝날 때	**-ई** 이-	**-इयाँ** 이양-	변화 없음 + 후치사	**-इयों** 이용 + 후치사
	लड़की 라르끼- 소녀	**लड़कियाँ** 라르끼양-	**लड़की** 라르끼-	**लड़कियों** 라르끼용
	बच्ची 밧찌- 아이(여)	**बच्चियाँ** 밧찌양-	**बच्ची** 밧찌-	**बच्चियों** 밧찌용
आ 아-로 끝날 때	**-आ** 아-	**-एँ** 엥	변화 없음 + 후치사	**-ओं** 옹 + 후치사
	भाषा 바ʰ-샤- 언어	**भाषाएँ** 바ʰ-샤-엥	**भाषा** 바ʰ-샤-	**भाषाओं** 바ʰ-샤-옹
	दवा 다와- 약	**दवाएँ** 다와-엥	**दवा** 다와-	**दवाओं** 다와-옹
इया 이야-로 끝날 때	**-इया** 이야-	**--इयाँ** 이양-	변화 없음 + 후치사	**-यों** 용 + 후치사
	चिड़िया 찌리야- 새	**चिड़ियाँ** 찌리양-	**चिड़िया** 찌리야-	**चिड़ियों** 찌리용
	गुड़िया 구리야- 인형	**गुड़ियाँ** 구리양-	**गुड़िया** 구리야-	**गुड़ियों** 구리용
자음으로 끝날 때	**-अ** 아-	**-एँ** 엥	변화 없음 + 후치사	**-ओं** 옹 + 후치사
	किताब 끼땁- 책	**किताबें** 끼따-벵	**किताब** 끼땁-	**किताबों** 끼따-봉
	पुस्तक 뿌스따끄 책	**पुस्तकें** 뿌스따껭	**पुस्तक** 뿌스따끄	**पुस्तकों** 뿌스따꽁
उ 우, **ऊ** 우-로 끝날 때	**-उ** 우, **-ऊ** 우-	**-उएँ** 우엥	변화 없음 + 후치사	**-ओं** 옹 + 후치사
	बहू 바후- 며느리	**बहुएँ** 바후엥	**बहू** 바후-	**बहुओं** 바후옹
	वस्तु 와스뚜 사물	**वस्तुएँ** 와스뚜엥	**वस्तु** 와스뚜	**वस्तुओं** 와스뚜옹

लड़कियों की गुड़ियाँ
라르끼용 끼- 구리양-
소녀들의 인형들

चिड़िया का घर
찌리야- 까 가ʰ르
새의 집

किताबों की भाषा
끼따-봉 끼- 바-샤-
책들의 언어

문법

(3) 인칭대명사의 사격 변화

	단수		복수	
	직격	사격	직격	사격
1인칭	मैं 메	मुझे 무즈	हम 함	हम 함
2인칭	तू 뚜-	तुझे 뚜즈	तुम 뚬	तुम 뚬
			आप 압-	आप 압-
3인칭	यह 예흐	इस 이쓰	ये 예	इन 인
	वह 워흐	उस 우쓰	वे 웨	उन 운

(4) 형용사의 사격 변화

		남성 단수	남성 복수	여성 단수	여성 복수
직격	आ 아-로 끝날 때	अच्छा लड़का 아차- 라르까- 좋은 소년	अच्छे लड़के 아체 라르께 좋은 소년들	अच्छी लड़की 아치- 라르끼- 좋은 소녀	अच्छी लड़कियाँ 아치- 라르끼양- 좋은 소녀들
	그 외	सुंदर लड़का 순다르 라르까- 아름다운 소년	सुंदर लड़के 순다르 라르께 아름다운 소년들	सुंदर लड़की 순다르 라르끼- 아름다운 소녀	सुंदर लड़कियाँ 순다르 라르끼양- 아름다운 소녀들
사격	आ 아-로 끝날 때	अच्छे लड़के 아체 라르께	अच्छे लड़कों 아체 라르꽁	अच्छी लड़की 아치- 라르끼-	अच्छी लड़कियों 아치- 라르끼용
	그 외	सुंदर लड़के 순다르 라르께	सुंदर लड़कों 순다르 라르꽁	सुंदर लड़की 순다르 라르끼-	सुंदर लड़कियों 순다르 라르끼용

❷ 단순후치사

힌디어의 후치사에는 하나의 단어로 이루어진 단순후치사와 2개 이상의 단어로 이루어진 복합후치사가 있습니다. 이번 과에서는 먼저 단순후치사에 대해 알아봅니다.

(1) का(~의)

का 까-는 사물의 소유 관계를 나타낼 때 사용하는 후치사입니다.

> A का(के, की) B
>
> A의 B

का는 뒤에 오는 명사의 성과 수에 따라 형용사와 같은 패턴으로 변화합니다.(남성 복수형은 **के** 께, 여성형(단수, 복수)은 **की** 끼-)

A의 자리에 인칭대명사(사격)가 오면 다음과 같이 축약형이 발생합니다.

	단수			복수		
	인칭대명사	인칭대명사(사격) + **का**		인칭대명사	인칭대명사(사격) + **का**	
1인칭	**मैं** 메	**मेरा** 메라- (मेरे, मेरी)	나의	**हम** 함	**हमारा** 하마-라- (हमारे, हमारी)	우리의
2인칭	**तू** 뚜-	**तेरा** 떼라- (तेरे, तेरी)	너의	**तुम** 뚬	**तुम्हारा** 뚬하-라- (तुम्हारे, तुम्हारी)	너의
				आप 압-	**आपका** 압-까- (आपके, आपकी)	당신의
3인칭	**यह** 예흐	**इसका** 이쓰까- (इसके, इसकी)	이 사람의	**ये** 예	**इनका** 인까- (इनके, इन की)	이분의
	वह 워흐	**उसका** 우쓰까- (उसके, उसकी)	저 사람의	**वे** 웨	**उनका** 운까- (उनके, उनकी)	저분의

यह मेरा घर है। 이것은 나의 집입니다.
예흐 메라- 가흐르 해

वह मेरी किताब है। 저것은 나의 책입니다.
워흐 메리- 끼땁- 해

문법

वे मेरे लड़के हैं।　　재들은 내 아들들입니다.

웨　메레　라르께　행

ये मेरी लड़कियाँ हैं।　　얘들은 나의 딸들입니다.

예　메리-　라르끼양-　행

(2) में (~안에)

में 메는 '~안에'라는 의미의 장소를 나타내는 후치사입니다.

मैं घर में हूँ।　　저는 집에 있습니다.

메　가ʳ르　메　훙

कंपनी में कौन है?　　회사에 누가 있나요?

껌뻐니-　메　꼬운　해

(3) को (~에게, ~를)

को 꼬는 '~에게'라는 여격의 의미로 쓰이며, 목적어를 강조하는 '~를'의 의미로도 사용됩니다. 인칭대명사(사격)가 को와 결합하면 다음과 같이 축약형이 발생합니다.

	단수			복수		
	인칭대명사	인칭대명사(사격) + को		인칭대명사	인칭대명사(사격) + को	
1인칭	मैं 메	मुझे 무제	나에게	हम 함	हमें 하멩	우리에게
2인칭	तू 뚜-	तुझे 뚜제	너에게	तुम 뚬	तुम्हें 뚬행	너에게
				आप 압-	आपको 압-꼬	당신에게
3인칭	यह 예흐	इसे 이쎄	이 사람에게	ये 예	इन्हें 인행	이분에게
	वह 워흐	उसे 우쎄	저 사람에게	वे 웨	उन्हें 운행	저분에게

मुझे पानी दीजिए।　　저에게 물을 주세요.

무제ʰ　빠-니-　디-지에

मैं सेब को खाता हूँ।　　저는 사과를 먹습니다.

메　쎄브　꼬　카-따-　훙

उन्हें क्या चाहिए?　　저분에게는 무엇이 필요합니까? 여격, 9과 참고

운행　꺄-　짜-히에

(4) से(~로부터, ~보다)

से 쎄는 '~로부터'의 의미를 갖는 탈격 후치사입니다. 또한, 비교급 표현에서 '~보다'라는 의미로도 사용됩니다.

मैं कोरिया से हूँ।   저는 한국에서 왔습니다.

메   꼬리야-   쎄   훙

आम सेब से मिठा है।   망고는 사과보다 답니다.

암-   쎄브   쎄   미타-   해

(5) तक(~까지)

तक 따끄는 '~까지'라는 의미이며, 장소와 시간 모두에 사용되는 후치사입니다.

कहाँ तक जाते हैं?   어디까지 가세요?

까항-   따끄   자-떼   행

आप कब तक पढेंगे?   당신은 언제까지 공부하실 건가요?   미래형, 5과 참고

압-   깝   따끄   빠렝ʰ게

(6) पर(~위에)

पर 빠르는 '~위에'라는 의미이며, 위치나 장소를 나타내는 후치사입니다.

उस दीवार पर क्या है?   저 벽 위에는 무엇입니까?

우쓰   디-와-르   빠르   꺄-   해

문형연습

🔊 후치사와 사격 변화를 활용하여 말해 보세요.　🎧 04-2

❶ 남성 단수

यह लड़के की किताब है।　이것은 소년의 책입니다.
예흐 라르께 끼- 끼땁- 해

कोरिया से भारत तक बहुत दूर है।　한국에서 인도까지 매우 멉니다.
꼬리야- 쎄 바ʰ-라뜨 따끄 바훌뜨 두-르 해

स्कूल के पुस्तकालय में किताबें बहुत हैं।　학교의 도서관에는 책들이 많습니다.
스꿀- 께 뿌쓰따깔-레 메 끼따-벵 바훌뜨 행

❷ 남성 복수

स्कूल के पेड़ों पर चिड़ियाँ बहुत हैं।　학교의 나무들에는 새들이 많습니다.
스꿀- 께 뻬롱 빠르 찌리양- 바훌뜨 행

कागजों पर मेरा नाम लिखा है।　종이들에는 저의 이름이 쓰여 있습니다.
까-가종 빠르 메라- 남- 리카- 해

दरवाजों पर क्या हैं?　문들 위에는 무엇이 있습니까?
다르와-종 빠르 꺄- 행

❸ 여성 단수

कुर्सी पर कौन है?　의자 위에는 누구입니까?
꾸르씨- 빠르 꼬운 해

मेज पर क्या है?　책상 위에는 무엇이 있습니까?
메즈 빠르 꺄- 해

हमारी अध्यापिका जी का नाम प्रतीभा है।　저희 선생님(여)의 성함은 쁘라띠바입니다.
하마-리- 아댜ʰ-삐까- 지- 까- 남- 쁘라띠-바ʰ- 해

❹ 여성 복수

इन पेंसिलों का रंग काला है।　이 연필들의 색깔은 검정입니다.
인 뻰씰롱 까- 랑그 깔-라- 해

ये हमारी हिंदी कहानियों की किताबें हैं।　이것들은 우리의 힌디어 이야기책들입니다.
예 하마-리- 힌디- 까하-니용 끼- 끼따-뱅 행

लड़कियों के बैग अलग अलग हैं।　소녀들의 가방은 제각각입니다(다양합니다).
라르끼용 께 벡 알라그 알라그 행

어휘

◆ 학교

अध्यापक
아댜ʰ-빠끄

m. 선생님(남)

अध्यापिका
아댜ʰ-삐까-

f. 선생님(여)

छात्र
차-뜨르

m. 학생(남)

छात्रा
차-뜨라-

f. 학생(여)

स्कूल
스꿀-

m. 학교

कक्षा
깍샤-

f. 교실, 수업

परीक्षा
빠릭-샤-

f. 시험

श्यामपट्ट
샴-빹드

m. 칠판

थैला
텔라-

m. 가방

कागज
까-가즈

m. 종이

कैंची
껜찌-

f. 가위

रबड़
라바르

m. 지우개

शौचालय
쇼짤-레

m. 화장실

पुस्तकालय
뿌스따깔-레

m. 도서관

पेंसिल
뻰씰

f. 연필

कॉपी
까-삐-

m. 공책

연습문제

1 빈칸에 알맞은 후치사를 〈보기〉에서 골라 쓰세요.

| 보기 | से   को   का   में   तक   पर

(1) 당신의 이름은 무엇입니까?

आप _____ नाम क्या है?

(2) 책상 위에는 펜이 있습니다.

मेज _____ कलम है।

(3) 인도에서 한국까지는 멉니다.

भारत _____ कोरिया _____ दूर है।

(4) 집에는 누가 있어요?

घर _____ कौन है?

2 괄호 안의 단어를 알맞은 형태로 바꾸어 빈칸에 쓰세요.

(1) 이것은 소년의 책입니다.

यह _____ की किताब है। (लड़का)

(2) 소녀들의 가방은 다양합니다.

_____ के बैग अलग अलग हैं। (लड़कियाँ)

(3) 나무들 위에는 새들이 있습니다.

_____ पर चिड़ियाँ हैं। (पेड़)

(4) 나에게 물을 주세요.

_____ पानी दीजिए। (मैं)

3 다음 문장이 맞으면 ○, 틀리면 ✕ 표시 후 올바르게 고치세요.

(1) 이 문들 위에는 무엇이 있습니까?

दरवाजा पर क्या है? (　) → _____

(2) 한국에서 인도까지는 매우 멉니다.

कोरिया तक भारत तक बहुत दूर है। (　) → _____

(3) 책상 위에는 무엇이 있습니까?

मेज में क्या है? (　) → _____

(4) 그 벽 위에는 무엇이 있습니까?

उस दीवार पर क्या है? (　) → _____

(5) 이 연필들의 색깔은 검정입니다.

इन पेंसिलों से रंग काला है। (　) → _____

4 문장을 듣고 빈칸을 채우세요.　🎧04-4

(1) कुर्सी _____ _____ है?

(2) _____ _____ _____ कौन-कौन हैं?

(3) _____ आज स्कूल में _____ है?

(4) वे _____ और _____ के चित्र हैं।

(5) _____ में छात्रों के अपने _____ _____ हैं।

인도문화기행

◆ 인도의 교육제도 ◆

인도의 학제는 초중등학교-고등학교가 8-4제로 이루어져 있습니다.

인도의 아이들은 6살 때 초중등학교(Elementary School 혹은 Primary School)에 입학을 하며, 초중등학교는 크게 저학년(Lower primary, 1-5학년)과 고학년(Upper primary, 6-8학년) 두 그룹으로 나뉩니다.

▶ 인도의 초등학생

초중등학교를 졸업하면 고등학교(Secondary School)에 입학을 합니다. 고등학교 역시 저학년(Lower secondary, 9-10학년)과 고학년(Upper secondary, 11-12학년) 두 그룹으로 나뉩니다. 여기에서 중요한 시험이 있는데 10학년을 마치고 SSE(Secondary School Examination)라는 시험을 쳐서, 자격을 얻어야만 고학년인 11학년으로 넘어갈 수 있습니다. 또한, 12학년을 마친 후에는, 주에 따라 다르지만, 대체로

▶ 인도의 대학 도서관

CBSE(Central Board of Secondary Education) 시험을 거쳐 직업학교 혹은 대학교로 진학을 합니다.

인도도 한국만큼 교육열이 높기 때문에 부모들이 자녀 교육에 많은 애정과 관심을 쏟고 있습니다. 때로는 시험에서 커닝, 시험지 유출 등의 부정을 저지른 사건들이 보도될 만큼 사회적인 문제가 되기도 합니다.

05

आप कल क्या करेंगे?
당신은 내일 무엇을 하실 겁니까?

주요문법

• 미래형   • 명령형

대화를 듣고 큰 소리로 따라 읽어 보세요.

काव्या	नमस्ते जी! आइए आइए अंदर आइए। चाय पीएँगे?
	나마스떼 지- 아-이에 아-이에 안다르 아-이에 짜-이 삐-엥게
मिंगु	हाँ जी। और पानी भी दीजिए।
	항- 지- 오우르 빠-니- 비ʰ- 디-지에
काव्या	अच्छा। आप कल क्या करेंगे?
	아차- 압- 깔 꺄- 까렝게
मिंगु	कल मैं दिल्ली जाऊँगा और दोस्त से मिलूँगा।
	깔 메 딜리- 자-웅-가 오우르 도스뜨 쎄 밀룽-가-
काव्या	तो कितने दिन दिल्ली में रहेंगे?
	또 끼뜨네 딘 딜리- 메 레헹게
मिंगु	मैं दिल्ली में सिर्फ तीन दिन रहूँगा।
	메 딜리- 메 씨르프 띤- 딘 레훙가-
काव्या	अच्छा। आप की यात्रा शुभ हो!
	아차- 압- 끼- 야-뜨라- 슈브ʰ 호

까비야	안녕하세요! 안으로 들어오세요. 짜이 드실래요?
민구	네. 그리고 물도 좀 주세요.
까비야	네. 내일 뭐 하세요?
민구	내일 저는 델리에 가서 친구를 만날 거예요.
까비야	그러면 델리에 며칠 머무르세요?
민구	저는 델리에 3일만 머무를 거예요.
까비야	그렇군요. 편안한 여행 하세요!

새 단어 •

- आना 아-나- 동 오다
- अंदर 안다르 부 안으로
- चाय 짜-이 명 f. 차, 인도식 홍차
- पीना 삐-나- 동 마시다
- देना 데나- 동 주다
- करना 까르나- 동 하다
- जाना 자-나- 동 가다

- से मिलना 쎄 밀르나- 동 만나다
- रहना 레흐나- 동 살다, 머무르다
- सिर्फ 씨르프 부 단지, 오직
- दिन 딘 명 m. 날
- आप की यात्रा शुभ हो! 압- 끼- 야-뜨라- 슈브ʰ 호
  즐거운 여행 하세요!

문법

① 미래형

미래형은 미래의 일을 서술할 때 사용하며, 주어의 성과 수에 따라 동사의 어근에 다음과 같은 어미를 결합합니다.

* **करना** 까르나-(하다), **खाना** 카-나-(먹다)의 미래형 (불규칙을 제외한 모든 동사에 적용)

	단수			복수		
1인칭	मैं 메	-ऊँगा 웅-가-	करूँगा 까룽-가- / खाऊँगा 카-웅-가-	हम 함	-एँगे 엥게	करेंग 까렝게 / खाएँग 카-엥게
2인칭	तू 뚜-	-एगा 에가-	करेगा 까레가- / खाएगा 카-에가-	तुम 뚬	-ओगे 오게	करोगे 까로게 / खाओगे 카-오게
				आप 압-	-एँगे 엥게	करेंगे 까렝게 / खाएँगे 카-엥게
3인칭	यह 예흐 / वह 워흐	-एगा 에가-	करेगा 까레가- / खाएगा 카-에가-	ये 예 / वे 웨	-एँगे 엥게	करेंगे 까렝게 / खाएँगे 카-엥게

* 주어가 여성일 경우, 모든 어미는 **-गी** 기-로 바뀝니다.

मैं कल काम करूँगा/करूँगी। 나는 내일 일을 할 것입니다. (주어가 남자/여자)
메 깔 깜- 까룽-가- 까룽-기-

● 미래형 변화에서의 불규칙 동사

위의 표는 동사의 미래형 변화의 일반적인 규칙이며, 위와 같이 변화하지 않는 불규칙 동사들이 몇 가지 있습니다. 그 중 많이 사용되는 동사는 **देना** 데나- (주다), **लेना** 레나- (받다)가 있습니다.

	단수		복수	
1인칭	मैं 메	दूँगा 둥-가-, लूँगा 룽-가-	हम 함	देंगे 뎅게, लेंगे 렝게
2인칭	तू 뚜-	देगा 데가-, लेगा 레가-	तुम 뚬	दोगे 도게, लोगे 로게
			आप 압-	देंगे 뎅게, लेंगे 렝게
3인칭	यह 예흐 / वह 워흐	देगा 데가-, लेगा 레가-	ये 예 / वे 웨	देंगे 뎅게, लेंगे 렝게

तुम उसको क्या दोगे? 너는 그에게 무엇을 줄 거니?
뚬 우쓰꼬 꺄- 도게

मैं किताब लूँगा। 나는 책을 받을(살) 것입니다.
메 끼땁- 룽-가-

❷ 명령형

힌디어의 명령형은 누구에게 명령하는지, 그 상대방에 따라 변화 형태가 달라집니다.

* **खाना** 카-나-(먹다), **पढ़ना** 빠르나-(공부하다), **जाना** 자-나-(가다)의 명령형

	상대방	명령 형태	변화 형태	예시
비격식	**तू** 뚜	강한 명령(~해)	어근	**खा** 카-, **पढ़** 빠르ʰ, **जा** 자-
	तुम 뚬	일반 명령(~해라)	동사 원형	**खाना** 카-나-, **पढ़ना** 빠르ʰ나-, **जाना** 자-나-
		일반 명령(~해라)	어근 + **ओ** 오	**खाओ** 카-오, **पढ़ो** 빠르ʰ오, **जाओ** 자-오
격식	**आप** 압-	격식 명령(~하세요)	어근 + **इए** 이에	**खाइए** 카-이에, **पढ़िए** 빠르ʰ이에, **जाइए** 자-이에
		최상 격식 명령 (~해 주십시오)	어근 + **इएगा** 이에가-	**खाइएगा** 카-이에가-, **पढ़िएगा** 빠르ʰ이에가-, **जाइएगा** 자-이에가-

* 가장 일반적인 명령형은 비격식의 경우 '어근 + **ओ** 오', 격식의 경우 '어근 + **इए** 이에'입니다.

अंदर आओ। 안으로 (들어)와.
안다르　아-오

अंदर आइए। 안으로 (들어)오세요.
안다르　아-이에

● 명령형 변화에서의 불규칙 동사

위의 표는 동사의 명령형 변화의 일반적인 규칙이며, 위와 같이 변화하지 않는 불규칙 동사들이 몇 가지 있습니다. 그 중 많이 사용되는 동사는 **देना** 데나-(주다), **लेना** 레나-(받다), **करना** 까르나-(하다)가 있습니다.

강한 명령	**द** 데	**ल** 레	**कर** 까르
일반 명령	**देना** 데나-	**लेना** 레나-	**करना** 까르나-
	दो 도	**लो** 로	**करो** 까로
격식 명령	**दीजिए** 디-지에	**लीजिए** 리-지에	**कीजिए** 끼-지에
최상 격식 명령	**दीजिएगा** 디-지에가-	**लीजिएगा** 리-지에가-	**कीजिएगा** 끼-지에가-

* 각각의 동사들은 비격식의 경우 '어근 + **ओ** 오', (최상) 격식 명령에서 불규칙 형태를 갖습니다.

उसे किताब दो। 책을 그에게 줘.
우쎄　끼땁-　도

उसे किताब दीजिए। 책을 그에게 주세요.
우쎄　끼땁-　디-지에

문형연습

🔊 미래형과 명령형을 활용하여 말해 보세요.

🎧 05-2

① 미래형

मैं दिल्ली जाऊँगा। 저는 델리에 갈 것입니다.

메 딜리- 자-웅-가-

मेरा भाई कल आएगा। 저의 형은 내일 올 것입니다.

메라- 바ʰ-이- 깔 아-에가-

आप क्या करेंगे? 당신은 무엇을 할 것입니까?

압- 꺄- 까렝게

अपने पिताजी और माताजी के लिए खाना बनाऊँगा। * के लिए 껠 리에 ~을 위해 복합후치사, 11과 참고

아쁘네 삐따-지- 오우르 마-따-지- 껠 리에 카-나- 바나-웅-가-

나의 아버지와 어머니를 위해 음식을 만들 것입니다.

मैं अभी घर वापस जाऊँगा। 저는 지금 집에 돌아갈 것입니다.

메 아비ʰ- 가ʰ르 와-빠쓰 자-웅-가-

② 명령형

चल। 가.

짤

दादा-दादी को फोन कीजिए। 할아버지, 할머니께 전화드리세요.

다-다- 다-디- 꼬 폰 끼-지에

नाना-नानी को चिट्ठी लिखो। 외할아버지, 외할머니께 편지를 써.

나-나- 나-니- 꼬 찓티 리코

मेरे बेटे को बोलना। 나의 아들에게 말해.

메레 베떼 꼬 볼르나-

कमरा साफ करो। 방을 청소해.

까므라- 싸-프 까로

एक मसाला चाय और एक समोसा दीजिएगा। 마쌀라 짜이 하나와 사모사 하나 주세요.

에끄 마쌀-라- 짜-이 오우르 에끄 싸모싸- 디-지에가-

어휘

◆ 장소, 방향

 05-3

रेस्टोरेंट 레스또렌뜨	*m.* 식당	डाकघर 다-끄가르	*m.* 우체국
चिड़ियाघर 찌리야-가르	*m.* 동물원	बैंक 벵끄	*m.* 은행
बाजार 바-자-르	*m.* 시장	होटल 호딸	*m.* 호텔
कंपनी 껌뻐니-	*m.* 회사	विश्वविद्यालय 비슈브비댤-레	*m.* 대학교
मेट्रो स्टेशन 메뜨로 스떼션	*m.* 지하철역	बस स्टॉप 버스 스땁-	*m.* 버스정류장
हवाई अड्डा 하와-이 앋다-	*m.* 공항	अस्पताल 아스쁘딸-	*m.* 병원
ऊपर 우-빠르	위쪽으로, 위쪽에	नीचे 니-쩨	아래로, 아래쪽에
बाईं ओर 바-잉- 오르	*f.* 왼쪽	दाईं ओर 다-잉- 오르	*f.* 오른쪽

연습문제

1 괄호 안의 동사를 미래형으로 바꾸어 빈칸에 쓰세요.

(1) 당신은 언제 델리로 갈 것입니까?

आप कब दिल्ली _____? (जाना)

(2) 언제 돌아올 거니?

तुम कब वापस _____? (आना)

(3) 저는 뭄바이에서 3일 머무를 것입니다.

मैं मुंबई में तीन दिन _____। (रहना)

(4) 너는 무엇을 먹을 거니?(여성)

तुम क्या _____? (खाना)

2 괄호 안의 동사를 명령형으로 바꾸어 빈칸에 쓰세요.

(1) 할머니, 할아버지께 전화드리세요.

दादा-दादी को फोन _____। (करना) (격식)

(2) 힌디어 책을 읽어.

(तुम) हिंदी किताब _____। (पढ़ना)

(3) 저 사람에게 물을 주세요.

उस को पानी _____। (देना) (격식)

(4) 그분께 말씀해 주십시오.

उन्हें _____। (बोलना) (최상 격식)

3 다음 문장을 힌디어로 쓰세요.

(1) 방을 청소해라. **(तुम)**

_____

(2) 마쌀라 짜이 하나와 사모사 하나 주세요. (최상 격식)

_____

(3) 저의 형은 내일 올 것입니다.

_____

(4) 내일 나는 델리에 가서 친구를 만날 것입니다.

_____

(5) 나는 델리에서 3일만 머무를 것입니다.

_____

4 문장을 듣고 빈칸을 채우세요.　　🎧 05-4

(1) **आप** _____ _____ _____?

(2) _____ _____?

(3) _____ _____ _____ ।

(4) _____ _____ **दिल्ली में** _____?

(5) **आप** _____ _____ _____ **हो!**

◆ 인도의 축제 ◆

인도는 언어, 인종, 종교 등에서 다양한 문화권을 형성하고 있는 만큼 축제도 굉장히 많습니다. 지역, 종교, 인종 등에 따라 즐기는 축제가 다르며, 거의 매달 축제가 열린다고 해도 과언이 아닙니다.

인도에서 가장 유명하고 큰 축제는 2가지가 있습니다. 바로, 홀리(**होली**, Holi)와 디왈리(**दीवाली**, Diwali)입니다.

홀리(Holi)는 보통 매년 3-4월쯤에 열리는 축제입니다. 사람들은 다양한 색깔의 가루를 서로에게 뿌리며 덕담을 나누는 것으로 축제를 즐깁니다. 다양한 색깔의 가루를 서로에게 뿌리는 것은 서로를 축복하고, 봄을 찬양하는 등의 의미를 갖습니다.

▶ 홀리

디왈리(Diwali)는 보통 매년 10-11월쯤에 열리는 축제입니다. '빛'이라는 뜻의 산스크리트어인 디빠왈리(Dipawali, **दीपावली**)에서 유래된 축제인 만큼 사람들은 폭죽을 터뜨리거나, 양초에 불을 켜는 등 빛을 이용하여 축제를 즐깁니다. 빛을 통해 즐기는 것은 악에 대한 승리를 기념하는 것이며, 빛은 지성과 양심을 의미 합니다.

▶ 디왈리

06

बारिश आ रही है।

비가 오고 있습니다.

주요문법

• 진행형(과거·현재·미래)

대화를 듣고 큰 소리로 따라 읽어 보세요.

काव्या	हलो? क्या हाल है?
	할로 꺄 할- 해
मिंगु	मैं अच्छा हूँ।
	메 아차- 훙
काव्या	आज दिल्ली का मौसम कैसा है?
	아-즈 딜리- 까- 모우쌈 께싸- 해
मिंगु	आज दिल्ली का मौसम अच्छा नहीं है। बारिश आ रही है।
	아-즈 딜리- 까- 모우쌈 아차- 네힝- 해 바-리쉬 아- 라히- 해
काव्या	तो आप कहाँ हैं?
	또 압- 까항- 행
मिंगु	हाँ जी, मैं बाहर में हूँ। मैं द्वारका जा रहा हूँ। आप क्या कर रही हैं?
	항- 지 메 바-하르 메 훙 메 드와-르까- 자- 라하- 훙 압- 꺄 까르 라히 행
काव्या	मैं घर में टेलिविजन देख रही हूँ। यहाँ का मौसम भी अच्छा नहीं है।
	메 가ʰ르 메 뗄리비전 데크 라히- 훙 여항- 까- 모우쌈 비ʰ- 아차- 네힝- 해

까비야	여보세요? 잘 지내요?
민구	잘 지내요.
까비야	오늘 델리 날씨는 어때요?
민구	오늘 델리 날씨는 좋지 않아요. 비가 오고 있어요.
까비야	지금 어디세요?
민구	저는 밖이에요. 드와르까에 가고 있어요. 지금 뭐 하세요?
까비야	저는 집에서 텔레비전을 보고 있어요. 여기도 날씨가 별로예요.

새 단어 •

- □ **हाल** 할- 몡 *m.* 상태
- □ **मौसम** 모우쌈 몡 *m.* 날씨
- □ **बारिश** 바-리쉬 몡 *f.* 비
- □ **बाहर** 바-하르 몡 *m.* 밖 분 밖에

- □ **द्वारका** 드와-르까- 몡 드와르까(뉴델리의 구역 이름)
- □ **टेलिविजन** 뗄리비전 몡 *m.* 텔레비전
- □ **देखना** 데크나- 동 보다

문법

❶ 진행형(과거·현재·미래)

진행형은 진행 중인 동작을 나타낼 때 쓰이며, 각각 아래와 같은 형식으로 나타냅니다. 호나(**होना**) 동사의 시제에 따라 과거 · 현재 · 미래 진행형이 됩니다. 동사 어근과 결합하는 **रहा** 라하-는 주어의 성과 수에 따라 **रहे** 라해(남성 복수), **रही** 라히-(여성 단 · 복수)로 변화합니다.

(1) 현재 진행(현재 벌어지고 있는 동작을 묘사)

> 동사 어근 + **रहा(रही, रहे)** + 호나(**होना**) 동사의 현재형
>
> ~하는 중이다

मैं काम कर रहा हूँ।   나는 일을 하고 있는 중입니다.
메   깜-   까르 라하- 훙

वह हिंदी की किताब पढ़ रही है।   그녀는 힌디어 책을 읽고 있습니다.
워흐 힌디- 끼- 끼땁-   빠르ʰ 라히- 해

आप कहाँ जा रहे हैं?   당신은 어디 가고 있습니까?
압-   까항- 자- 라헤 행

(2) 과거 진행(과거에 벌어지고 있었던 동작을 묘사)

> 동사 어근 + **रहा(रही, रहे)** + 호나(**होना**) 동사의 과거형
>
> ~하는 중이었다

● 호나(**होना**) 동사의 과거형(~였다)

주어의 성과 수에 따라 다음과 같이 변화합니다.

	단수	복수
남성	**था** 타-	**थे** 테
여성	**थी** 티-	**थीं** 팅-

मैं फिल्म देख रहा था।   나는 영화를 보고 있었습니다.
메 필름   데크 라하- 타-

हम खाना खा रहे थे।   우리는 음식을 먹고 있었습니다.
함   카-나-   카- 라헤 테

आप क्या सुन रही थीं? 당신은 무엇을 듣고 있었나요?
압- 까- 순 라히- 팅-

(3) 미래 진행(미래에 벌어지고 있을 동작을 묘사)

> 동사 어근 + रहा(रही, रहे) + 호나(होना) 동사의 미래형
> ~하는 중일 것이다

• 호나(होना) 동사의 미래형(~일 것이다)

	단수		복수	
1인칭	मैं 메	होऊँगा 호웅-가-, हूँगा 훙-가-	हम 함	होंगे 홍게
2인칭	तू 뚜-	होगा 호가-	तुम 뚬	होगे 호게
			आप 압-	होंगे 홍게
3인칭	यह 예흐	होगा 호가-	ये 예	होंगे 홍게
	वह 워흐		वे 웨	

* 주어가 여성인 경우, 모든 어미는 -गी 기-로 변화합니다.

मैं चिट्ठी लिख रहा होऊँगा। 나는 편지를 쓰는 중일 것입니다.
메 찔티- 리크 라하- 호웅-가-

आप कल कंपनी में काम कर रहे होंगे। 당신은 내일 회사에서 일을 하고 있을 것입니다.
압- 깔 껌뻐니- 메 깜- 까르 라헤 홍게

वह परिवार के लिए खाना बना रही होगी। 그녀는 가족을 위해서 음식을 만들고 있을 것입니다.
워흐 빠리와-르 껠 리에 카-나- 바나- 라히- 호기-

문형연습

🔊 진행형과 날씨 표현을 활용하여 말해 보세요. 🎧 06-2

❶ 과거 진행형

बरफ पड़ रही थी।(= बरफ गिर रही थी।) 눈이 오고 있었습니다.

바르프 빠르 라히- 티-   바르프 기르 라히- 티-

धूप आ रही थी। 햇빛이 들어오고 있었습니다.

두ʰ-쁘 아- 라히- 티-

❷ 현재 진행형

बिजली चमक रही है। 번개가 치고 있습니다.

비즐리- 짜마끄 라히- 해

बिजली कड़क रही है। 천둥이 치고 있습니다.

비즐리- 까라끄 라히- 해

तूफान आ रहा है। 태풍이 오고 있습니다.

뚜-판- 아- 라하- 해

❸ 미래 진행형

बारिश हो रही होगी। 비가 오고 있을 것입니다.

바-리쉬 호 라히- 호기-

ठंड पड़ रही होगी। 추위가 오고 있을 것입니다.

탄드 빠르 라히- 호기-

गर्मी पड़ रही होगी। 더위가 오고 있을 것입니다.

가르미- 빠르 라히- 호기-

※ 추가 날씨 표현

आज बहुत धूप है। 오늘 해가 아주 좋습니다(화창합니다).

아-즈 바훌뜨 두ʰ-쁘 해

मौसम बहुत गरम है। 날씨가 매우 덥습니다.

모우쌈 바훌뜨 가람 해

मौसम बहुत ठंडा है। 날씨가 매우 춥습니다.

모우쌈 바훌뜨 탄다- 해

मौसम हवादार है। 바람이 붑니다.

모우쌈 하와-다-르 해

어휘

◆ 날씨

मौसम 모우쌈	*m.* 날씨	**धूप** 두ʰ-쁘	*m.* 햇빛
बरफ 바르프	*f.* 눈	**बारिश** 바-리쉬	*f.* 비
बाढ़ 바-르ʰ	*f.* 홍수	**बिजली** 비즐리-	*f.* 천둥, 번개
गर्मी 가르미-	*f.* 더위	**ठंड** 탄드	*f.* 추위
हवा 하와-	*f.* 바람, 공기	**तूफान** 뚜-판-	*m.* 태풍
ठंडा 탄다-	추운, 찬	**गरम** 가람	더운
हवादार 하와-다-르	바람이 부는	**गिरना** 기르나-	(눈, 비 등이) 내리다
बिजली चमकना 비즐리- 짜마끄나-	번개가 치다	**बिजली कड़कना** 비즐리- 까락끄나	천둥이 치다

연습문제

1   다음 날씨 표현을 해석하세요.

(1) तूफान आ रहा है।

_____

(2) मौसम बहुत ठंडा है।

_____

(3) बरफ गिर रही है।

_____

(4) मौसम बहुत गरम है।

_____

(5) आज बहुत धूप है।

_____

2   다음 문장을 힌디어로 쓰세요.

(1) 나는 밥을 먹고 있습니다. (여성)

_____।

(2) 우리는 집에 가고 있었습니다. (남성)

_____।

(3) 당신은 무엇을 하고 있습니까? (남성)

_____?

(4) 비가 오고 있을 겁니다.

_____।

3 다음 질문에 괄호 안의 내용으로 답하세요.

(1) **आप क्या कर रहे हैं?** (나는 텔레비전을 보고 있습니다.)

_____ |

(2) **मौसम कैसा है?** (날씨가 아주 좋습니다.)

_____ |

(3) **आप कहाँ जा कर रहे थे?** (저는 드와르까에 가고 있었습니다.)

_____ |

(4) **वह घर में किताब पढ़ रही है?** (네, 그녀는 집에서 책을 읽고 있습니다.)

_____ |

(5) **तुम्हारा दोस्त कंपनी में काम कर रहा है?**

(아니요, 저의 친구는 집에서 편지를 쓰고 있습니다.)

_____ |

4 문장을 듣고 빈칸을 채우세요.　🎧06-4

(1) **आज** _____ _____ _____ _____ _____?

(2) _____ _____ _____ _____ _____ |

(3) _____ _____ _____ _____ _____ |

(4) _____ _____ **में टेलिविजन** _____ _____ _____ |

(5) **मैं द्वारका** _____ _____ _____ |

◆ 인도의 영화 ◆

인도는 영화로 유명한 나라입니다. 인도인들은 영화관에서 영화를 보며 지친 일상을 위로받기도 합니다. 인도에서는 매년 약 2천 편 가량의 영화가 만들어지며, 약 8천 개의 영화관이 존재합니다.(2017년 기준)

흔히 알려진, 인도 영화 산업을 지칭하는 용어는 발리우드(Bollywood)입니다. 발리우드는 Bombay(뭄바이의 옛 이름)와 Hollywood(할리우드)가 합쳐진 말로, 뭄바이가 우리나라의 충무로처럼 영화의 중심지 역할을 하는 도시이기 때문에 만들어진 용어입니다. 하지만 인도에는 발리우드만 있는 것이 아닙니다. 인도 남부의 첸나이 지역을 기반으로 하는 콜리우드

(Kollywood), 텔루구 언어를 기반으로 만들어지는 톨리우드(Tollywood), 인도 남부 지역을 기반으로 만들어지는 몰리우드(Mollywood) 등 발리우드말고도 많은 영화 산업군이 있습니다.

▶ 인도 시골의 극장

인도 영화를 나타내는 가장 특징적인 단어들 중 하나는 바로 '마살라 무비(Masala Movie)'입니다. 마살라(मसाला)는 '양념'이라는 뜻으로, 마치 영화에 양념을 친 듯하다고 하여 붙여진 이름입니다. 영화 중간에 내용에 맞게 춤과 노래가 시작되는 부분이 있는데, 이를 양념에 비유한 표현입니다.

07

मैं हर सोमवार को क्रिकेट खेलता हूँ।

저는 매주 월요일에 크리켓을 합니다.

주요문법

• 미완료형   • 시간 표현

회화

대화를 듣고 큰 소리로 따라 읽어 보세요.

काव्या आप हर दिन क्या करते हैं?
압- 하르 딘 꺄- 까르떼 행

यंहो मैं सुबह को आठ बजे उठता हूँ और हाथ-मूँह धोकर कंपनी जाता हूँ।
메 수베흐 꼬 아-트 바제 우트따- 훙 오우르 하-트-뭉-흐 도¹까르 껌뻐니- 자-따- 훙

काव्या अच्छा। आज क्या दिन है?
아차- 아-즈 꺄 딘 해

यंहो आज सोमवार है। मैं हर सोमवार को क्रिकेट खेलता हूँ।
아-즈 솜와-르 해 메 하르 쏨와-르 꼬 끄리껫 켈따- 훙

काव्या बहुत अच्छा है। अभी साढ़े सात बजे हैं। आप कब जाते हैं?
바훌뜨 아차- 해 아비- 싸-레ʰ 싸-뜨 바제 행 압- 깝 자-떼 행

यंहो शाम को आठ बजे जाता हूँ। वह जगह दूर नहीं है।
샴- 꼬 아-트 바제 자-따- 훙 워흐 자가르 두-르 네힝- 해

आप कहाँ जाती हैं?
압- 까항- 자-띠- 행

काव्या मैं घर जाती हूँ। फिर मिलेंगे।
메 가ʰ르 자-띠- 훙 피르 밀렝게

까비야	당신은 매일 무엇을 하세요?
영호	저는 아침에 8시에 일어나서 세수를 하고 회사에 갑니다.
까비야	그렇군요. 오늘은 무슨 요일인가요?
영호	오늘은 월요일입니다. 저는 매주 월요일에 크리켓을 합니다.
까비야	아주 훌륭하군요. 지금은 7시 반입니다. 당신은 언제 가세요?
영호	저녁에 8시에 갑니다. 그곳은 멀지 않아요.
	당신은 어디 가세요?
까비야	저는 집에 가요. 또 봐요.

새 단어 •

□ **हर दिन** 하르 딘 🖳 매일

□ **सुबह को** 수베흐 꼬 🖳 아침에

□ **आठ** 아-트 🔢 8

□ **बजा** 바자- 🅜 *m.* 시

□ **हाथ-मुँह** 하-트-뭉-흐 🅜 *m.* 손-입(함께 쓰면 얼굴)

□ **धोना(→ धोकर)** 도ʰ나- 🅓 씻다(→ 씻고 나서)

　　　　　　　(동사 어근 + **कर**: ~한 후에)

□ **कंपनी** 껌뻐니- 🅜 *m.* 회사

□ **दिन** 딘 🅜 *m.* 날, 일

□ **साढ़े** 싸-레ʰ 🖳 반(30분) (시간과 함께 쓰임)

　　🅔 **साढ़े तीन बजे** 싸-레ʰ 띤- 바제 3시 반

□ **शाम** 샴- 🅜 저녁, 밤

문법

❶ 미완료형

미완료형은 말 그대로 완료되지 않은 동작을 나타내는 형태입니다. 동작이 완료되지 않았다는 것은 동작이 일정 기간 지속되고 있다는 것을 의미합니다. 동사의 미완료형은 동사의 어근에 **-ता** 따-를 붙입니다. 단, 주어의 성과 수에 따라서 남성 복수는 **-ते** 떼, 여성 단수·복수는 **-ती** 띠-로 변형됩니다. 미완료형은 호나(**होना**) 동사의 시제에 따라 현재 미완료형과 과거 미완료형으로 나뉩니다.

(1) 현재 미완료

현재 미완료는 현재를 기준으로 습관적으로 발생하는 동작을 표현합니다. 현재의 습관, 단순현재, 불변의 진리 등 크게 3가지 의미를 나타냅니다.

> 동사 어근 + ता(ते, ती) + 호나(होना) 동사의 현재형
>
> ~를 (규칙적으로) 한다

मैं हर दिन क्रिकेट खेलता हूँ।　　나는 매일 크리켓을 합니다. (현재의 습관)
메　하르　딘　끄리껫　켈따-　훙

वह महिला अभी कपड़ा धोती है।　　그녀는 지금 빨래를 합니다. (단순현재)
워흐　마힐라-　아비-　까쁘라-　도띠-　해

सूरज पूर्व से निकलता है।　　해는 동쪽에서 뜹니다. (불변의 진리)
수-라즈　뿌-르브 쎄　니깔따-　해

(2) 과거 미완료

과거 미완료는 과거를 기준으로 습관적으로 발생했던 동작을 표현합니다.

> 동사 어근 + ता(ते, ती) + 호나(होना) 동사의 과거형
>
> ~를 (규칙적으로) 하곤 했다

मैं स्कूल में हिंदी पढ़ता था।　　나는 학교에서 힌디어를 공부하곤 했습니다.
메　스꿀-　메　힌디　빠르따-　타-

वह कार से कंपनी जाती थी।　　그녀는 차로 회사에 가곤 했습니다.
워흐　까-르　쎄　껌뻐니-　자-띠-　티-

हम सुबह को पांच बजे उठते थे।　　우리는 아침에 5시에 일어나곤 했습니다.
함　수베흐　꼬　빤-쯔　바제　우트떼　테

❷ 시간 표현

(1) 시간 묻고 답하기

질문 **कितने बजे हैं? / क्या समय है? / समय क्या है?** (지금) 몇 시인가요?
끼뜨네 바제 행   꺄- 싸마에 해   싸마에 꺄- 해

대답 ① **A बजे हैं।** A 시입니다.
바제 행

'~시'라는 뜻의 **बजा** 바자- 앞에 시간(숫자)을 씁니다. 단, 1시를 제외하고는 모두 복수이기 때문에 복수 형태인 **बजे** 바제를 씁니다.

예 **दस बजे हैं।** 10시입니다.
다쓰 바제 행

② **A बजकर B मिनट हुए हैं।** A시 B분입니다.
바즈까르   미나뜨 후에 행

बजकर 바즈까르는 '울리다'라는 뜻의 **बजना** 바즈나-와 '~한 이후'라는 뜻의 **कर** 까르가 결합된 형태입니다. **मिनट** 미나뜨는 '분'이란 뜻입니다.

예 **दस बजकर तीस मिनट हुए हैं।** 10시 30분입니다.(10시가 울리고 30분이 지났습니다.)
다스 바즈까르 띠-스 미나뜨 후에 행

③ **साढ़े A बजे हैं।** A시 반입니다.
싸-레ʰ 바제 행

साढ़े 싸-레ʰ는 '반'이라는 뜻으로, 시간 앞에 씁니다.

예 **साढ़े दस बजे हैं।** 10시 반입니다.
싸-레ʰ 다쓰 바제 행

④ **सवा A बजे हैं।** A시 15분입니다.
싸와- 바제 행

सवा 싸와-는 '4분의 1'이란 뜻으로, '15분'을 의미하며, 시간 앞에 씁니다.

예 **सवा दस बजे हैं।** 10시 15분입니다.
싸와- 다스 바제 행

문법

⑤ **A बजने में B मिनट बाकी हैं।** A시 B분 전입니다.
　바즈네　메　미나뜨　바-끼-　행

बजने में 바즈네 메는 '울리기까지', **बाकी** 바-끼-는 '남다'라는 뜻으로, 직역하면 'A시가 울리기까지 B분이 남았다', 즉 'A시 B분 전'이라는 뜻입니다.

📌 **ग्यारह बजने में तीस मिनट बाकी हैं।** 11시 30분 전입니다.
　갸-라흐　바즈네　메　띠-스　미나뜨　바-끼-　행

(2) 때나 요일 묻고 답하기

'(때/요일)에'를 표현하기 위해서는 때나 요일을 나타내는 명사 뒤에 후치사 **को** 꼬를 씁니다.

सुबह 수베흐	아침	दोपहर 도빠하르	정오
शाम 샴-	저녁	रात 라-뜨	밤

* '아침에'는 **सुबह को** 수베흐 꼬와 같은 의미로 **सवेर** 사베레를 쓸 수도 있습니다.

सोमवार 쏨와-르	월요일	मंगलवार 망갈와-르	화요일
बुधवार 부드ʰ와-르	수요일	गुरूवार 구루와-르	목요일
शुक्रवार 슈끄르와-르	금요일	शनिवार 샤니와-르	토요일
रविवार 라비와-르	일요일		

A: **आज क्या दिन है?** 오늘은 무슨 요일입니까?
　아-즈　꺄　딘　해

B: **आज शुक्रवार है।** 오늘은 금요일입니다.
　아-즈　슈끄르와-르　해

A: **आप कब अमेरिका जाएँगे?** 당신은 언제 미국에 갑니까?
　압-　깝　아메리까-　자-엥게

B: **इस सोमवार को जाऊँगा।** 이번 주 월요일에 갈 거예요.
　이쓰　쏨와-르　꼬　자-웅-가-

　इस सोमवार रात को जाऊँगा। 이번 주 월요일 밤에 갈 거예요.
　이쓰　쏨와-르　라-뜨　꼬　자-웅-가-

A: **आप सवेरे कितने बजे उठते हैं?**　　당신은 아침에 몇 시에 일어납니까?

압- 사베레 끼뜨네 바제 우트떼 행

B: **मैं सवेरे 8 बजे उठता हूँ।**　　저는 아침에 8시에 일어납니다.

메 사베레 아-트 바제 우트따- 훙

(3) 날짜 묻고 답하기

날짜를 말할 때에도, 때나 요일을 말할 때처럼 숫자 뒤에 후치사 **को** 꼬를 씁니다.

जनवरी	फरवरी	मार्च	अप्रैल
잔와리-	파르와리-	마-르쯔	아쁘랠
1월	2월	3월	4월
मई	जून	जुलाई	अगस्त
마이-	준-	줄라-이-	아가쓰뜨
5월	6월	7월	8월
सितंबर	अक्टूबर	नवंबर	दिसंबर
씨땀바르	악뚜-바르	나밤바르	디쌈바르
9월	10월	11월	12월

चार अक्टूबर को हम फिर आएँगे।　　10월 4일에 우리는 다시 올게요.

짜-르 악뚜-바르 꼬 함 피르 아-엥게

날짜를 물을 때에는 '날짜'라는 의미의 단어 **तारीख** 따-리-크를 사용합니다. 대답은 한국과 반대로 일, 월 순서로 합니다. 일은 해당 숫자를 쓰면 됩니다.

A: **आज क्या तारीख है?**　　오늘은 며칠입니까?

아-즈 꺄- 따-리-크 해

B: **आज सात अप्रैल है।**　　오늘은 4월 7일이에요.

아-즈 싸-뜨 아쁘렐 해

문형연습

🔊 미완료형와 시간 표현을 활용하여 말해 보세요.　　　　🎧 07-2

1 미완료형

मैं सवेरे उठकर व्यायाम करता था।　나는 아침에 일어나서 운동을 하곤 했습니다.
메　사베레　우트까르　뱌-얌-　　까르따-　타-

हम हर सोमवार को सिनेमाघर में फिल्म देखते थे।
함　하르　쏨와-르　꼬　씨네마-가ʰ르　메　필름　　데크떼　테
우리는 매주 월요일에 영화관에서 영화를 보곤 했습니다.

वे लड़कियाँ समुद्र में तैरती हैं।　저 소녀들은 바다에서 수영을 합니다.
웨　라르끼양-　　사무드르　메　떼르띠-　행

मैं हर गर्मी की छुट्टी में यात्रा करता हूँ।　나는 매 여름방학 때 여행을 합니다.
메　하르　가르미-　끼　춛띠-　메　야-뜨라-　까르따-　훙

वह चाय पीकर गाना सुनती है।　그녀는 차를 마시고 나서 음악을 듣습니다.
워흐　짜-이　삐-까르　가-나-　쑨띠-　해

2 시간

अभी नौ बजकर बीस मिनट हुए हैं।　지금은 9시 20분입니다.
아비ʰ-　노우　버즈까르　비-쓰　미나뜨　후에　행

सवा छह बजे कक्षा शुरू होगी।　6시 15분에 수업이 시작됩니다.
사와-　체흐　바제　깍샤-　슈루　호기-

दस बजने में आठ मिनट बाकी हैं।　10시 8분 전입니다.
다쓰　바즈네　메　아-트　미나뜨　바-끼-　행

आज रात ग्यारह बजे वापस आऊँगा।　오늘 밤 11시에 돌아올게요.
아-즈　라-뜨　갸-라흐　바제　와-빠스　아-웅-가-

साढ़े सात बजे फिर आइए।　7시 반에 다시 오세요.
싸-레ʰ　싸-뜨　바제　피르　아-이에

어휘

◆ 숫자(नंबर 넘버르) 🎧 07-3

एक 에끄	1	दो 도	2	तीन 띤-	3	चार 짜-르	4
पाँच 빤-쯔	5	छह 체흐	6	सात 싸-뜨	7	आठ 아-트	8
नौ 노우	9	दस 다쓰	10	ग्यारह 갸-라흐	11	बारह 바-라흐	12
तेरह 때라흐	13	चौदह 쪼우다흐	14	पंद्रह 빤드라흐	15	सोलह 쏠라흐	16
सत्रह 싸뜨라흐	17	अट्ठारह 아타-라흐	18	उन्नीस 운니쓰	19	बीस 비-쓰	20
इक्कीस 이끼-쓰	21	बाईस 바-이-쓰	22	तेईस 떼이-쓰	23	चौबीस 쪼우비-쓰	24
पच्चीस 빳찌-쓰	25	छब्बीस 찹비-쓰	26	सत्ताईस 쌑따-이-쓰	27	अट्ठाईस 아타-이-쓰	28
उनतीस 운띠-쓰	29	तीस 띠-쓰	30	इकतीस 이끄띠-쓰	31	चालीस 짤-리-쓰	40
पचास 빠짜-쓰	50	साठ 싸-트	60	सत्तर 쌋따르	70	अस्सी 앗씨-	80
नब्बे 넙베	90	सौ 쏘우	100	हजार 하자-르	천	लाख 라-크	십만

◆ 날짜(तारीख 따-리-크)

दिन 딘	*m.* 일, 날	सप्ताह 싸쁘따-흐	*m.* 주
महीना 마히-나-	*m.* 월	साल 쌀-	*m.* 년
शताब्दी 샤땁-디-	*f.* 세기	हर 하르	매, 각각의
हर सप्ताह 하르 싸쁘따-흐	매주	हर महीना 하르 마히-나-	매달

◆ 계절(ऋतु 리뚜)

वसंत 와싼뜨	*m.* 봄	ग्रीष्म 그-리슘	*f.* 여름
शरद 샤라드	*f.* 가을	शिशिर 쉬쉬르	*f.* 겨울

연습문제

1 다음 문장을 읽고 알맞은 시간을 쓰세요.

(1) आठ बजकर तीस मिनट हुए हैं।

_____

(2) दो बजने में चालीस मिनट बाकी हैं।

_____

(3) साढ़े नौ बजे।

_____

(4) सोमवार रात ग्यारह बजे।

_____

(5) शनिवार सवेरे दस बजे।

_____

2 다음 문장을 힌디어로 쓰세요.

(1) 당신은 매일 무엇을 하나요? (남성)

_____ |

(2) 나는 아침에 일어나서 운동을 하곤 했습니다. (남성)

_____ |

(3) 그녀는 차를 마신 후에 음악을 듣습니다.

_____ |

(4) 몇 시인가요?

_____ |

(5) 너는 학교에서 무엇을 공부하곤 했니? (여성)

_____ |

3 다음 질문에 괄호 안의 내용으로 답하세요.

(1) आप हर दिन कब उठते हैं? (저는 매일 6시에 일어납니다.)

_____ |

(2) तुम कितने बजे व्यायाम करते हो? (저는 저녁 7시에 운동을 합니다.)

_____ |

(3) वह कहाँ जाती है? (그녀는 인도에 갑니다.)

_____ |

(4) आप सवेरे उठकर क्या करती हैं? (저는 세수를 하고 회사에 갑니다.)

_____ |

(5) आज क्या दिन है? (오늘은 수요일입니다.)

_____ |

4 문장을 듣고 빈칸을 채우세요.   🎧 07-4

(1) मैं _____ _____ _____ _____ _____ |

(2) _____ _____ _____ _____ |

(3) _____ _____ _____ ?

(4) अभी _____ _____ _____ _____ |

(5) मैं सवेरे _____ _____ _____ _____ |

인도문화기행

◆ 인도의 스포츠 ◆

인도인들은 크리켓, 축구, 야구, 농구, 배드민턴, 카바디 등 다양한 스포츠들을 즐기는데, 그 중에 가장 인기 있는 스포츠는 크리켓입니다.

전 세계에서 크리켓 경기 관람을 즐기는 인구는 약 10억 명으로 추정되는데, 그 중 인도인이 약 9억 명으로 추정됩니다. 그만큼 크리켓은 인도의 국민 스포츠라 할 수 있습니다.

▶ 크리켓 경기

크리켓은 야구와 비슷하게 공을 배트로 쳐서 득점을 내는 경기입니다. 경기는 각 11명의 선수로 이루어진 2팀이 대결을 하는 방식입니다. 경기장 중앙에 피치라 불리는 긴 직사각형 모양의 공간이 있으며, 이곳에서 볼러(투수)와 배트맨(타자)이 대결합니다. 볼러가 달려와 팔꿈치가 펴진 자세로 공을 던지고 배트맨은 이 공을 힘껏 친 후 배트를 들고 반대편 피치로 달려가면 1런을 획득하게 됩니다. 결국 공격팀은 런을 많이 획득하는 것이 목표이고, 수비팀은 공격팀을 다양한 방법으로 아웃시키는 것이 목표입니다.

▶ 크리켓 준비물

크리켓이 인도에서 인기 있는 스포츠 종목인 만큼 길거리에서 아이들이 크리켓 배트를 들고 공놀이를 하고 있는 모습을 쉽게 볼 수 있습니다.

08

आप भारत में कहाँ गए थे?

당신은 인도에서 어디를 가보셨습니까?

주요문법

• 단순과거 시제　• 완료 시제

대화를 듣고 큰 소리로 따라 읽어 보세요.

काव्या	आप भारत में कब आये हैं?

압- 바ʰ-라뜨 메 깝 아-에 행

मिंगु	मैं तीन साल पहले भारत में आया। अभी मुंबई में रहता हूँ।

메 띤- 쌀- 빼흘레 바ʰ-라뜨 메 아-야- 아비ʰ- 뭄바이- 메 레흐따- 훙

काव्या	अच्छा। आप भारत में कहाँ गए थे?

아차- 압- 바ʰ-라뜨 메 까항- 가에 테

मिंगु	मैं आगरा, जोधपुर, जयपुर आदि स्थानों में गया था।

메 아-그라- 조드ʰ뿌르 자이뿌르 아-디 스타-농 메 가야- 타-

बाद में और जगह जाऊँगा।

바-드 메 오우르 자가흐 자-웅-가-

काव्या	अच्छा। तो आपने आगरा में क्या देखा? ताजमहल देखा?

아차- 또 압-네 아-그라- 메 꺄 데카- 따-즈마할 데카-

मिंगु	हाँ जी, मैंने ताजमहल और यमुना नदी देखे हैं। वे बहुत अच्छे थे।

항- 지- 메네 따-즈마할 오우르 야무나- 나디- 데케 행 웨 바훝 아체 테

까비야	당신은 언제 인도에 오셨나요?
민구	저는 3년 전에 인도에 왔어요. 지금은 뭄바이에 살아요.
까비야	그렇군요. 당신은 인도에서 어느 곳을 가봤나요?
민구	저는 아그라, 조드뿌르, 자이뿌르 등의 장소에 갔어요. 이후에 다른 곳에 갈 거예요.
까비야	좋아요. 그러면 아그라에서 뭘 보셨어요? 타지마할을 보셨나요?
민구	그럼요, 저는 타지마할과 야무나강을 봤어요. 그것들은 아주 훌륭했어요.

새 단어 •

□ **पहले** 뻬흘레 [부] ~ 전에

□ **मुंबई** 뭄바이- [고명] 뭄바이

□ **आगरा** 아-그라- [고명] 아그라

□ **जोधपुर** 조드ʰ뿌르 [고명] 조드뿌르

□ **जयपुर** 자이뿌르 [고명] 자이뿌르

□ **आदि** 아-디 [불변사] 등등

□ **स्थान** 스탄- [명] *m.* 장소

□ **जगह** 자가흐 [명] *m.* 장소

□ **ताजमहल** 따-즈마할 [고명] 타지마할

□ **यमुना नदी** 야무나 - 나디- [고명] 야무나강

□ **नदी** 나디- [명] *f.* 강

문법

❶ 단순과거 시제

단순과거 시제는 과거의 특정 시점에 일어난 사건, 즉 이미 완료된 사건을 서술할 때 사용합니다. 단순과거 시제를 사용하기 위해서는 먼저 동사의 완료형 변화를 알아야 합니다. 동사의 완료형은 주어의 성과 수에 따라 다음과 같이 어미가 변화합니다.

● 동사의 완료형 변화

	변화 형태 (괄호 안은 남성 복수, 여성 단수, 여성 복수의 순)
동사 어근이 자음으로 끝나는 경우	자음 뒤에 **आ** 아-를 첨가
लिखना 리크나- 쓰다 **देखना** 데크나- 보다 **पढ़ना** 빠르나- 읽다 **पहुंचना** 뻬훙쯔나- 도착하다	**लिखा** 리카- 썼다(**लिखे** 리케, **लिखी** 리키-, **लिखीं** 리킹-) **देखा** 데카- 봤다(**देख** 데케, **देखी** 데키-, **देखीं** 데킹-) **पढ़ा** 빠라ʰ- 읽었다(**पढ़े** 빠레ʰ, **पढ़ी** 빠리ʰ-, **पढ़ीं** 빠링ʰ-) **पहुंचा** 뻬훙짜- 도착했다(**पहुंचे** 뻬훙쩨, **पहुंची** 뻬훙찌-, **पहुंचीं** 뻬훙찡-)
동사 어근이 모음으로 끝나는 경우	모음 뒤에 **या** 야-를 첨가
खाना 카-나- 먹다 **सोना** 쏘나- 자다 **धोना** 도ʰ나- 씻다 **बनाना** 바나-나- 만들다 **पकाना** 빠까-나- 익히다 **आना** 아-나- 오다	**खाया** 카-야- 먹었다(**खाए** 카-에, **खाई** 카-이-, **खाईं** 카-잉-) **सोया** 쏘야- 잤다(**सोए** 쏘에, **सोई** 쏘이-, **सोईं** 쏘잉-) **धोया** 도ʰ야- 씻었다(**धोए** 도ʰ에, **धोई** 도ʰ이-, **धोईं** 도ʰ잉-) **बनाया** 바나-야- 만들었다(**बनाए** 바나-에, **बनाई** 바나-이-, **बनाईं** 바나-잉-) **पकाया** 빠까-야- 익혔다(**पकाए** 빠까-에, **पकाई** 빠까-이-, **पकाईं** 빠까-잉-) **आया** 아-야- 왔다(**आए** 아-에, **आई** 아-이-, **आईं** 아-잉-)
불규칙	불규칙
करना 까르나- 하다 **देना** 데나- 주다 **लेना** 레나- 받다 **जाना** 자-나- 가다 **पीना** 삐-나- 마시다 **होना** 호나- 되다	**किया** 끼야- 했다(**किए** 카에, **की** 끼-, **कीं** 낑-) **दिया** 디야- 주었다(**दिए** 디에, **दी** 디-, **दीं** 딩-) **लिया** 리야- 받았다(**लिए** 리에, **ली** 리-, **लीं** 링-) **गया** 가야- 갔다(**गए** 가에, **गई** 가이-, **गईं** 가잉-) **पिया** 삐야- 마셨다(**पिए** 삐에, **पी** 삐-, **पीं** 삥-) **हुआ** 후아- 되었다(**हुए** 후에, **हुई** 후이-, **हुईं** 후잉-)

● 단순과거

단순과거 시제는 동사의 완료형을 사용하여 나타냅니다. 이때 중요한 것은 동사가 목적어를 갖는 타동사인지, 목적어를 갖지 않는 자동사인지에 따라 형태가 달라진다는 것입니다. 따라서, 단순과거 시제를 사용할 때는 동사를 먼저 파악하는 것이 중요합니다.

(1) 동사가 자동사인 경우

> A(주어) + 동사의 완료형
>
> A가 ~했다

मैं घर आया।　　나는 왔습니다.

메　가ʰ르　아-야-

वह भारत नहीं गयी।　　그녀는 인도에 가지 않았습니다.

워흐　바ʰ-라뜨　네힝-　가이-

(2) 동사가 타동사인 경우

> A(주어) + **ने** + B(목적어) (+ **को**) + 동사의 완료형
>
> A가 B를 ~했다

타동사의 완료형을 사용한 과거 시제 문장에서 가장 중요한 것은 <mark>주어 뒤에 후치사 **ने** 네가 붙는다는 것</mark>과 <mark>동사의 완료형은 주어가 아닌 목적어에 의해 성, 수가 결정된다</mark>는 것입니다. 그 이유는 명사는 후치사와 결합하면 문법적인 성, 수를 상실하기 때문입니다. 하지만, 목적어 뒤에 목적어를 강조해 주는 후치사 **को** 꼬가 붙게 되면, 동사는 영향을 받는 명사가 없기 때문에 3인칭 남성 단수형으로 씁니다. 일반 명사 뒤에 후치사 **ने**가 결합하면 명사는 반드시 사격 변화를 해주어야 하며, 인칭대명사 뒤에 **ने**가 붙을 경우, 변화 형태는 아래와 같습니다.

	단수		복수	
	인칭대명사	인칭대명사(사격) + **ने**	인칭대명사	인칭대명사(사격) + **ने**
1인칭	**मैं** 메	**मैंने** 메네	**हम** 함	**हमने** 함네
2인칭	**तू** 뚜-	**तूने** 뚜-네	**तुम** 뚬	**तुमने** 뚬네
			आप 압-	**आपने** 압-네
3인칭	**यह** 예흐	**इसने** 이쓰네	**ये** 예	**इन्होंने** 인홍네
	वह 워흐	**उसने** 우쓰네	**वे** 웨	**उन्होंने** 운홍네

문법

मैंने काम किया।   나는 일을 했습니다.

메네   깜   끼야-

उसने किताब पढ़ी।(= उसने किताब को पढ़ा।)   그녀는 책을 읽었습니다.

우쓰네   끼땁-   빠리ʰ-   우쓰네   끼땁-   꼬   빠라ʰ-

उन्होंने फ़िल्में देखीं।   그들은 영화들을 보았습니다.

운홍네   필르멩   데킹-

मैंने पानी नहीं पिया।   나는 물을 마시지 않았습니다.

메네   빠-니-   네힝-   삐야-

② 완료 시제

완료 시제는 기준 시점까지 어떠한 행위가 완료되어 있는 상태를 말할 때 사용합니다. 완료 시제는 앞에서 배운 단순과거 시제를 활용하여 나타냅니다. 완료 시제는 기준 시점에 따라 과거완료, 현재완료, 미래완료로 나뉩니다. 기본적인 완료 시제 문장의 구조는 다음과 같습니다.

> 단순과거 문장 + 호나(होना) 동사(과거/현재/미래)
>
> ~했었다/했다(한 상태이다)/했을 것이다

* 호나(होना) 동사의 완료형과 과거형은 구분이 됩니다. 완료형은 일반동사의 완료형과 같은 패턴으로 쓰이지만, 과거형은 문장 전체의 시제를 결정할 때에만 쓰입니다. ▢호나 동사의 과거형은 6과 참고▢

कक्षा खत्म थी।   수업이 (과거에) 끝났습니다. (호나 동사의 과거형)

깍샤-   카뜸   티-

कक्षा खत्म हुई है।   수업은 (현재) 끝났습니다(끝난 상태입니다). (호나 동사의 완료형)

깍샤-   카뜸   후이-   해

(1) 과거완료

과거완료는 과거의 특정 시점을 기준으로 이미 완료된 행위를 표현합니다.

> A(주어) + 자동사의 완료형 + 호나(होना) 동사의 과거형
>
> A(주어) + ने + B(목적어) (+ को) + 타동사의 완료형 + 호나(होना) 동사의 과거형
>
> A가 (B를) ~했었다

मैं घर नहीं आया था।
나는 집에 오지 않았었습니다.

메 가^ㄹ 네힝- 아-야- 타-

मैंने काम किया था।
나는 일을 했었습니다.

메네 깜- 끼야- 타-

(2) 현재완료

현재완료는 현재의 특정 시점을 기준으로 이미 완료된 행위를 표현합니다.

> A(주어) + 자동사의 완료형 + 호나(**होना**) 동사의 현재형
>
> A(주어) + **ने** + B(목적어) (+ **को**) + 타동사의 완료형 + 호나(**होना**) 동사의 현재형
>
> A가 (B를) ~했다(한 상태이다)

मैं कोरिया आया हूँ।
나는 한국에 와 있습니다(와 있는 상태입니다).

메 꼬리야- 아-야- 훙

मैंने खाना खाया है।
나는 밥을 먹었습니다(먹은 상태입니다).

메네 카-나- 카-야- 해

(3) 미래완료

미래완료는 미래의 특정 시점을 기준으로 완료되어 있을 행위를 표현합니다.

> A(주어) + 자동사의 완료형 + 호나(**होना**) 동사의 미래형
>
> A(주어) + **ने** + B(목적어) (+ **को**) + 타동사의 완료형 + 호나(**होना**) 동사의 미래형
>
> A가 (B를) ~했을 것이다(한 상태일 것이다)

मैं कल दिल्ली में पहुँचा होऊँगा।
내일 나는 델리에 도착해 있을 것입니다.

메 깔 딜리- 메 뻬훙짜- 호웅-가-

उसने अगले साल हिंदी किताब पढ़ी होगी।
그녀는 내년이면 힌디어 책을 읽었을 것입니다.

우쓰네 아글레 쌀- 힌디- 끼땁- 빠리^ㄹ- 호기-

문형연습

🔊 단순과거와 완료 시제를 활용하여 말해 보세요. 🎧 08-2

❶ 단순과거

हम द्वीप गये। 우리는 섬으로 갔습니다.

함 드윕- 가에

उसने मुझे फूल दिया। 그녀는 나에게 꽃을 주었습니다.

우쓰네 무제 풀- 디야-

उन्होंने चाय चीनी के साथ पी। 그분은 설탕과 함께(설탕을 넣은) 짜이를 마셨습니다.

운홍네 짜-이 찌-니- 께 싸-트 삐-

❷ 과거완료

आप कहाँ गए थे? 당신은 어디에 갔었나요?

압- 까항- 가에 테

शाहजहाँ ने ताजमहल बनवाया था। 샤 자한은 타지마할을 만들게 했습니다.

샤-자한- 네 따-즈마할 반와-야- 타-

पहले से ही मैं जागा था। 나는 깨어 있었습니다.

뻬흘레 쎄 히- 메 자-가- 타-

❸ 현재완료

मैं कोरिया से आया हूँ। 나는 한국에서 왔습니다.

메 꼬리야- 쎄 아-야- 훙

मैंने चिकन खाया है। 나는 치킨을 먹었습니다.

메네 찌깐 카-야- 해

उसने कभी अमेरिका की यात्रा नहीं की है। 그는 미국 여행을 해보지 않았습니다.

우쓰네 까비ʰ- 아메리까- 끼- 야-뜨라- 네힝- 끼- 해

❹ 미래완료

अगले साल वह भारत में पहुँचा होगा। 내년이면 그는 인도에 도착해 있을 것입니다.

아글레 쌀- 워흐 바ʰ-라뜨 메 뻬훙짜- 호가-

मेरी माँ ने खाना नहीं पकाया होगा। 나의 어머니는 음식을 하지 않았을 것입니다.

메리- 망- 네 카-나- 네힝- 빠까-야- 호가-

राहुल मेरे दोस्तों से नहीं मिला होगा। 라훌은 나의 친구들을 만나지 않았을 것입니다.

라-훌 메레 도스똥 쎄 네힝- 밀라- 호가-

어휘

◆ 여행, 예약

 08-3

बुकिंग 부낑	*m.* 예약	टिकट 띠깥뜨	*m.* 표
पासपोर्ट 빠-스뽈뜨	*m.* 여권	टाइम टेबल 따-임 떼블	*m.* 시간표
रद्द 랃드	*m.* 취소	रद्द करना 랃드 까르나-	취소하다
पैसा वापसी 뻬싸- 와-쁘씨-	*f.* 환불	पैसा वापस लेना 뻬싸- 와-빠쓰 레나-	환불받다
यात्रा 야-뜨라-	*f.* 여행	यात्रा करना 야-뜨라- 까르나-	여행하다
ट्रैवल एजेंसी 뜨레블 에젠씨-	*f.* 여행사	पर्यटन 빠르여딴	*m.* 관광
पर्यटन की जगह 빠르여딴 끼- 자가흐	*f.* 관광지	पर्यटक 빠르여딱꼬	*m.* 관광객
के लिए मशहूर 껠 리에 마셔후-르	~로 유명한	नक्शा 낙샤-	*m.* 지도

연습문제

1 다음 동사의 뜻과 완료형(3인칭 남성 단수)을 쓰세요.

(1) **करना** (뜻) _____ (완료형) _____

(2) **खाना** (뜻) _____ (완료형) _____

(3) **देना** (뜻) _____ (완료형) _____

(4) **लेना** (뜻) _____ (완료형) _____

(5) **जाना** (뜻) _____ (완료형) _____

(6) **पढ़ना** (뜻) _____ (완료형) _____

(7) **देखना** (뜻) _____ (완료형) _____

(8) **सुनना** (뜻) _____ (완료형) _____

2 다음 문장을 괄호 안의 시제에 맞게 힌디어로 쓰세요.

(1) 당신은 어제 무엇을 했습니까? (단순과거)

_____

(2) 저는 타지마할을 봤습니다. (단순과거)

_____

(3) 샤 자한은 타지마할을 만들게 했습니다. (과거완료)

_____

(4) 나는 한국에서 왔습니다. (현재완료)

_____

(5) 내년이면 그는 인도에 도착해 있을 것입니다. (미래완료)

_____

3 다음 문장을 괄호 안의 시제로 바꾸어 쓰세요.

(1) हम घर जाते हैं। (단순과거)

_____

(2) मैं खाना खाता हूँ। (단순과거)

_____

(3) वह किताब पढ़ती है। (과거완료)

_____

(4) यह भारत जाता है। (현재완료)

_____

(5) वे गाना सुनते हैं। (미래완료)

_____

4 문장을 듣고 빈칸을 채우세요. 🎧 08-4

(1) आप _____ _____ _____ _____ _____?
(2) मैं _____ _____ _____ _____ _____।
(3) _____ _____ _____।
(4) _____ _____ _____ _____।
(5) मेरी माँ ने _____ _____ _____ _____।

◆ 타지마할 ◆

▶ 타지마할

인도는 수많은 유적지로 유명합니다. 이들을 보기 위해 세계 각지에서 수많은 관광객들이 인도를 찾고 있습니다. 인도를 대표하는 가장 유명한 유적지 중 하나는 바로 타지마할(Taj mahal)입니다.

타지마할은 인도 북부의 도시인 아그라에 위치한 궁전입니다. 겉모양은 궁전이지만, 정확히 말하면 궁전의 모양을 하고 있는 왕과 왕비의 무덤입니다. 타지마할은 '왕관'을 뜻하는 타즈(ताज)와 '궁전'을 뜻하는 마할(महल)의 합성어로, 실제 멀리서 보면 왕관 모양을 하고 있습니다. 타지마할은 무갈 황제였던 샤 자한이 사랑하던 왕비 뭄타즈 마할의 죽음을 기리기 위하여 지었으며, 1632년부터 건축이 시작되어 1653년에 완공되었습니다.

타지마할은 유네스코 세계유산으로 등록되어 있을 만큼 건축적으로 아름다울 뿐만 아니라, 세계 7대 불가사의에도 포함되어 있습니다.

타지마할은 대리석을 기반으로 만들어졌으며, 보석으로 새겨진 문양들은 매우 아름다워 인도를 방문한다면 꼭 한번 봐야 할 유적지입니다.

मुझे बुखार है।

저는 열이 납니다.

주요문법

• 여격 구문　　• 접속사

회화

대화를 듣고 큰 소리로 따라 읽어 보세요.

डॉक्टर　यहाँ बैठिए। आपको क्या तकलीफ है?
　　　　여항- 베티에 　압-꼬 　까- 　따끌리-프 　해

मिंगु　मुझे बुखार है। और कल रात से सिर और पेट में दर्द भी है।
　　　무제ʰ 부카-르 해 오우르 깔 라-뜨 쎄 씨르 오우르 뻬뜨 메 다르드 비ʰ- 해

डॉक्टर　अच्छा। आपने कल क्या खाया?
　　　　아차- 압-네 깔 까- 카-야-

मिंगु　मैंने सिर्फ कुल्फी खाया।
　　　메네 씨르프 꿀피- 카-야-

डॉक्टर　शायद कुल्फी के कारण सिर और पेट में दर्द है।
　　　　샤-아드 꿀피- 께 까-란 씨르 오우르 뻬뜨 메 다르드 해

　　　　मैं आपको दवा दूँगी। हर दिन तीन बार यह दवा लीजिए।
　　　　메 압-꼬 다와- 둥-기- 하르 딘 띤- 바-르 예흐 다와- 리-지에

मिंगु　ठीक है। बहुत धन्यवाद।
　　　틱- 해 바훋뜨 단ʰ야와-드

해석

의사 여기 앉으세요. 어떤 불편함이 있으신가요?

민구 저는 열이 있어요. 그리고 어제 밤부터 머리와 배가 아파요.

의사 그렇군요. 당신은 어제 무엇을 먹었나요?

민구 저는 꿀피만 먹었어요.

의사 아마 꿀피 때문에 머리와 배가 아픈 것 같네요.
제가 당신에게 약을 줄게요. 하루 3번 이 약을 드세요.

민구 알겠습니다. 정말 감사합니다.

새 단어

- □ **यहाँ** 여항- 부 여기, 이곳
- □ **बैठना** 베트나- 동 앉다
- □ **तकलीफ** 따끌리-프 명 *f.* 불편
- □ **सिर** 씨르 명 *m.* 머리
- □ **पेट** 뻬뜨 명 *m.* 배
- □ **दर्द** 다르드 명 *m.* 통증
- □ **सिर्फ** 씨르프 부 단지, 오직
- □ **कुल्फी** 꿀피- 명 *f.* 꿀피(인도식 아이스크림)
- □ **शायद** 샤-야드 부 아마도
- □ **के कारण** 께 까-란 후 ~의 이유로
- □ **दवा** 다와- 명 *f.* 약
- □ **बार** 바-르 명 *f.* 번, 회

문법

1 여격 구문

• 여격 구문의 특징

① 힌디어의 여격 구문은 주어와 후치사 को 꼬의 결합으로 이루어진 여격 주어가 쓰이는 구문을 말합니다. 주어가 인칭대명사일 때는 후치사 को와 결합해서 형태가 변화하므로 주의해야 합니다. 인칭대명사의 여격 형태는 4과 참고

② 여격 구문을 통해 선호, 필요, 감정, 생리현상, 의무 등을 표현할 수 있습니다. 실생활에서 많이 활용되는 구문이니 꼭 알아두어야 합니다.

③ 여격 구문은 주어에 후치사 को가 결합하므로 동사는 주어가 아닌 목적어의 성, 수에 따라 변화합니다.

• 여격 구문의 용법

(1) 선호

여격 주어와 पसंद 빠싼드를 사용하여 '~을 좋아한다'라는 표현을 할 수 있습니다. पसंद는 '선호', '좋아함'이란 뜻의 명사로, 형태가 변화하지 않습니다.

A + को + B + पसंद + 호나(होना) 동사
A는 B를 좋아한다

मुझे चाय पसंद है। 나는 짜이를 좋아합니다.
무제ʰ 짜-이 빠싼드 해

आपको क्या पसंद है? 당신은 무엇을 좋아합니까?
압-꼬 꺄- 빠싼드 해

(2) 필요

여격 주어와 चाहिए 짜-히에를 사용하여 '~이 필요하다'라는 표현을 할 수 있습니다. चाहिए는 '~을 필요로 하다'라는 뜻으로, 형태는 변화하지 않습니다.

A + को + B + चाहिए (+ 호나(होना) 동사)
A는 B가 필요하다

* चाहिए를 활용한 현재형 여격 구문은 호나(होना) 동사가 사용되지 않습니다. 단, 과거와 미래 시제에서는 호나(होना) 동사가 사용됩니다.

हमें चप्पल चाहिए। 우리는 슬리퍼가 필요합니다.
하멩 짭빨 짜-히에

हमें चप्पल चाहिए थी।   우리는 슬리퍼가 필요했습니다.

하멩   짭빨   짜-히에   티-

(3) 생리현상

여격 주어와 생리현상을 나타내는 단어들을 활용하여 몸의 상태를 표현할 수 있습니다.

> A + को + B(생리현상) + 호나(होना) 동사
>
> A는 B가 있다(하고 있다)

मुझे जुकाम है।   나는 감기에 걸렸습니다.

무제ʰ   주깜-   해

उसे चक्कर है।   그는 현기증이 있습니다.

우쎄   짝까르   해

आपको उल्टी है।   당신은 울렁거림이 있습니다.

압-꼬   울띠-   해

उसे खाँसी थी।   그는 기침이 있었습니다.

우쎄   캉-씨-   티-

(4) 감정

여격 주어와 감정을 나타내는 단어들을 활용하여 기분을 표현할 수 있습니다.

> A + को + B(감정) + 호나(होना) 동사
>
> A는 B를 느낀다

मुझे गुस्सा है।   나는 화가 납니다.

무제ʰ   굿싸-   해

उसे दुख है।   그는 슬픕니다.

우쎄   두크   해

आपको मजा है।   당신은 즐겁습니다.

압-꼬   마자-   해

आपको उससे प्यार है।   당신은 그를 사랑합니다.

압-꼬   우쓰쎄   빠-르   해

문법

(5) 의무(내면적 당위)

여격 주어와 '동사 원형 + 호나(होना) 동사'를 활용하면, 스스로 느끼는 의무를 표현할 수 있습니다.

> A + को + B(동사 원형) + 호나(होना) 동사
>
> A는 B해야 한다

मुझे क्या करना है? 나는 무엇을 해야 합니까?
무제ʰ   꺄-   까르나-   해

मुझे बाजार में फल खरीदना है। 나는 시장에서 과일을 사야 합니다.
무제ʰ 바-자-르 메 팔 카리-드나- 해

हर दिन व्यायाम करना है। 매일 운동을 해야 합니다.
하르 딘   뱌-얌-   까르나- 해

(6) 의무(외부적 당위)

여격 주어와 '동사 원형 + पड़ना 빠르나- 동사'를 함께 사용하면, 외부 요인으로 생긴 의무를 표현할 수 있습니다. पड़ना 빠르나- 동사는 원래 '떨어지다'라는 뜻이지만, 동사 원형과 함께 쓰여 외부 요인에 의한 의무를 표현합니다.

> A + को + B(동사 원형) + पड़ना + 호나(होना) 동사
>
> A는 (어쩔 수 없이) B해야 한다

मुझे सात बजे उठना पड़ता है। 나는 7시에 일어나야 합니다.
무제ʰ 싸-뜨 바제 우트나- 빠르따- 해

आपको वहाँ जाना पड़ता है। 당신은 그곳에 가야 합니다.
압-꼬   워항- 자-나- 빠르따- 해

मुझे दुसरे घर में रहना पड़ता है। 나는 다른 집에 살아야 합니다.
무제ʰ 두쓰레 가ʰ르 메 레흐나- 빠르따- 해

❷ 접속사

힌디어에는 다양한 접속사가 있습니다. 접속사는 문장과 문장 또는 단어와 단어를 이어주는 역할을 합니다. 주요 접속사들을 살펴보도록 합니다.

(1) और(그리고)

हमने चाय और लस्सी को पिया।　　우리는 짜이와 라씨를 마셨습니다.

함네　짜-이　오우르　라씨-　꼬　삐야-

लड़कों ने क्रिकेट खेला और घर वापस गए।　　소년들은 크리켓을 치고 집으로 돌아갔습니다.

라르꽁　네　끄리껫　캘라-　오우르　가르　와-빠스　가에

(2) लेकिन, पर(그러나)

मैंने उसको सड़क पर देखा लेकिन उसने मुझे नहीं देखा।

메네　우쓰꼬　싸라끄　빠르　데카-　레낀　우쓰네　무제ʰ　네힝　데카-

나는 그를 길에서 봤지만 그는 나를 보지 못했습니다.

वह अच्छा है पर महंगा है।　　그것은 좋은데 너무 비싸요.

워흐　아차　해　빠르　메헹가-　해

(3) इसलिए(따라서, 그러므로)

भारतीय लोग हिंदी बोलते हैं इसलिए हिंदी सीखना है।

바ʰ-라띠-여　로그　힌디-　볼떼　행　이슬리에　힌디-　씨-크나-　해

인도 사람들은 힌디어를 말하므로 힌디어를 배워야 합니다.

आज मौसम बहुत गरम है इसलिए आराम कर रहा हूँ।

아-즈　모우쌈　바훌뜨　가람　해　이슬리에　아-람-　까르　라하-　훙

오늘 날씨가 매우 더워서 휴식을 취하고 있습니다.

(4) या(혹은)

आपको क्या चाहिए, पानी या चाय?　　당신은 무엇이 필요하나요, 짜이 아니면 물?

압-꼬　까-　짜-히에　빠-니-　야-　짜-이

मुझे क्या करना है, घर जाना या यहाँ बैठना?

무제ʰ　까-　까르나-　해　가ʰ르　자-나-　야-　여항-　베트나-

나는 무엇을 해야 하나요, 집에 가나요 아니면 여기에 앉나요?

(5) क्योंकि(왜냐하면)

मुझे यह फिल्म बहुत पसंद है क्योंकि यह फिल्म बहुत दिलचस्प है।

무제ʰ　예흐　필름　바훌뜨　빠싼드　해　꾱끼　예흐　필름　바훌뜨　딜짜스쁘　해

저는 이 영화를 매우 좋아합니다. 왜냐하면 이 영화는 매우 재미있기 때문입니다.

문형연습

🔊 여격 구문과 접속사를 활용하여 말해 보세요.

🎧 09-2

① 여격 구문

आपको कैसा लगता है?　당신은 어떻게 느끼세요?
압-꼬　께싸　라그따-　해

आपको क्या पसंद है?　당신은 무엇을 좋아하나요?
압-꼬　꺄-　빠싼드　해

मुझे जाड़ा भी है।　나는 오한도 있습니다.
무제ʰ　자-라-　비ʰ-　해

मुझे सिरदर्द है।　나는 두통이 있어요.
무제ʰ　씨르다르드　해

हमें कार चाहिए होगी।　우리는 자동차가 필요할 것입니다.
하멩　까-르　짜-히에　호기-

मुझे घर में आराम करना पड़ा था।　나는 (어쩔 수 없이) 집에서 쉬어야만 했습니다.
무제ʰ　가ʰ르　메　아-람-　까르나-　빠라-　타-

② 접속사

मैं हिंदी और अंग्रेजी बोलता हूँ।　나는 힌디어와 영어를 말합니다.
메　힌디-　오우르　앙그래지-　볼따　훙

वह बाजार में गयी लेकिन सब दुकानें बंद थीं।　그녀는 시장에 갔지만 모든 상점들은 닫혀 있었습니다.
워흐　바-자-르　메　가이-　레낀　쌉　두까넹　반드　팅-

मुझे भारत बहुत पसंद है इसलिए इस गर्मी की छुट्टी में भारत जाऊँगा।
무제ʰ　바ʰ-라뜨　바훋뜨　빠싼드　해　이슬리에　이쓰　가르미-　끼-　춛띠-　메　바ʰ-라뜨　자-웅-가-
나는 인도가 매우 좋아서 이번 여름방학 때 인도에 갈 것입니다.

आपको कहाँ जाना है, अस्पताल या केमिस्ट?　당신은 어디에 가야 하나요, 병원 아니면 약국?
압-꼬　까항-　자-나-　해　아스빠딸-　야-　께미스뜨

मुझे बुखार है क्योंकि मुझे जुकाम है।　나는 열이 있어요. 왜냐하면 감기에 걸렸기 때문이에요.
무제ʰ　부카-르　해　꽁끼　무제ʰ　주깜-　해

어휘

◆ 질병, 기분　　　　　　　　　　　　　　　　🎧 09-3

जुकाम 주깜-	*m.* 감기	बुखार 부카-르	*m.* 열
चक्कर 짝까르	*m.* 현기증	उल्टी 울띠-	*f.* 구토
खाँसी 캉-씨-	*f.* 기침	जाड़ा 자-라-	*m.* 오한
पेटदर्द 뻬뜨다르드	*m.* 복통	सिरदर्द 씨르다르드	*m.* 두통
खुशी 쿠시-	*f.* 기쁨	दुख 두크	*m.* 슬픔
प्यार 빠-르	*m.* 사랑	गुस्सा 굿싸-	*m.* 분노
मजा 마자-	*m.* 희열	डर 다르	*m.* 두려움
संतुष्ट 싼뚜스뜨	만족하는	निराश 니라-쉬	좌절한

연습문제

1 다음 문장을 힌디어로 쓰세요.

   (1) 당신은 무엇을 좋아하나요?

   _____

   (2) 저는 열이 있어요.

   _____

   (3) 저는 두통이 있어요.

   _____

   (4) 매일 운동을 해야 합니다.

   _____

   (5) 그는 물이 필요합니다.

   _____

2 다음 문장을 해석하세요.

   (1) मुझे सात बजे उठना पड़ता है।

   _____

   (2) उसे पैसे देना पड़ता है।

   _____

   (3) मुझे जाड़ा भी है।

   _____

   (4) मुझे गुस्सा है।

   _____

   (5) उसे खाँसी थी।

   _____

3 빈칸에 알맞은 접속사를 쓰세요.

(1) 인도인들은 힌디어를 말해서 힌디어를 배워야 합니다.

भारतीय लोग हिंदी बोलते हैं _____ हिंदी सीखना है।

(2) 나는 그를 길에서 보았지만 그는 나를 보지 못했습니다.

मैंने उसको सड़क पर देखा _____ उसने मुझे नहीं देखा।

(3) 나는 힌디어와 영어를 말합니다.

मैं हिंदी _____ अंग्रेजी बोलता हूँ।

(4) 나는 힌디 영화를 매우 좋아합니다. 왜냐하면 영화가 매우 재미있기 때문입니다.

मुझे हिंदी फिल्म बहुत पसंद है _____ फिल्म बहुत दिलचस्प है।

(5) 당신은 무엇이 필요한가요, 물 아니면 짜이?

आपको क्या चाहिए, पानी _____ चाय?

4 문장을 듣고 빈칸을 채우세요.

🎧 09-4

(1) _____ क्या _____ है?

(2) मैंने _____ कुल्फी _____ ।

(3) _____ चप्पल _____ ।

(4) _____ बुखार है _____ मुझ _____ है।

(5) _____ पैसे _____ _____ है।

인도문화기행

◆ 인도의 병원과 약국 ◆

인도에서는 오래 전부터 의약분업이 실시되어 왔습니다. 따라서, 한국과 동일하게 병원에서 진료를 받고 처방전을 받아 약국에서 약을 사는 방식입니다.

인도의 병원과 약국에서 일하는 사람들은 대부분 영어로 의사소통을 하는 데 문제가 없기 때문에, 꼭 힌디어로만 대화를 할 필요는 없습니다. 단, 한국과 비교하면 서비스의 수준이 조금 떨어질 수 있음을 감안해야 합니다. 특히 외국인이 인도의 병원에 가는 경우

▶ 인도의 병원

새치기를 당하는 등의 부당한 일을 겪는 일이 종종 있습니다. 그러니 친한 현지 인도인이 있으면 함께 동행하는 것도 좋은 방법입니다.

▶ 인도의 약국

약국은 보통 Chemist(केमिस्ट 께미쓰뜨)라고 불립니다. 병원에서 받은 처방전이 있어야 약사에게 약을 구매할 수 있으며, 한국과 동일하게 감기약, 비타민, 소화제, 소독약, 연고 등 간단한 약들은 처방전 없이 구매할 수 있습니다. 인도 현지에서 걸린 병은 인도 현지 약이 효과가 좋지만, 때로는 부작용이 발생할 수 있습니다. 그러니 인도에 방문할 때에는 감기약, 소화제 등 기본적인 약들은 챙겨 가는 것이 좋습니다.

10

मैं भारत जाना चाहता हूँ।
저는 인도에 가고 싶습니다.

주요문법

- 조동사
- 부사

회화

대화를 듣고 큰 소리로 따라 읽어 보세요.

प्रिया जिंसु जी, आप इस सर्दी की छुट्टी में क्या करना चाहते हैं?

진수 지- 압- 이쓰 싸르디- 끼- 춛띠- 메 꺄 까르나- 짜-흐떼 행

जिंसु मैं भारत जाना चाहता हूँ।

메 바ʰ-라뜨 자-나- 짜-흐따- 훙

और भारत में गोवा जाकर समुद्र में तैरना चाहता हूँ।

오우르 바ʰ-라뜨 메 고와- 자-까르 싸무드르 메 떼르나- 짜-흐따- 훙

प्रिया अच्छी बात है। आप अच्छी तरह से तैर सकते हैं?

아치- 바-뜨 해 압- 아치- 따라흐 쎄 떼르 싸끄떼 행

जिंसु हाँ जी, मैं बहुत तेज से तैर सकता हूँ।

항- 지- 메 바훋뜨 떼즈 쎄 떼르 싸끄따- 훙

प्रिया शाबाश! लेकन समुद्र में ध्यान से तैरना है क्योंकि समुद्र कभी-कभी

샤-바-쉬 레낀 싸무드르 메 단ʰ- 쎄 떼르나- 해 꿍끼 싸무드르 까비ʰ- 까비ʰ-

खतरनाक होता है।

까따르나-끄 호따- 해

जिंसु सही बात है। इसलिए मैं सदा समुद्र में ध्यान से तैरता हूँ।

싸히- 바-뜨 해 이슬리에 메 싸다- 싸무드르 메 단ʰ- 쎄 떼르따- 훙

해석 ·

쁘리야	진수 씨, 이번 겨울방학 때 뭐 하고 싶어요?
진수	저는 인도에 가고 싶어요.
	그리고 인도 고아에 가서 바다에서 수영하고 싶어요.
쁘리야	좋군요. 수영을 잘할 수 있나요?
진수	네, 저는 매우 빠르게 수영할 수 있어요.
쁘리야	훌륭하군요! 하지만 바다에서는 조심히 놀아야 해요. 왜냐하면 바다는 때때로 위험하기 때문이에요.
진수	맞아요. 그래서 저는 항상 바다에서는 조심히 수영을 해요.

새 단어 ·

□ **सर्दी** 싸르디- 몡 *f.* 겨울, 추위

□ **छुट्टी** 춫띠- 몡 *f.* 휴가

□ **चाहना** 짜-흐나 조통 ~을 원하다

□ **गोवा** 고와- 고몡 인도 남부의 주

□ **समुद्र** 싸무드르 몡 *m.* 바다, 해변

□ **तैरना** 떼르나- 통 수영하다

□ **बात** 바-뜨 몡 *f.* 말, 이야기

□ **अच्छी तरह से** 아치- 따라흐 쎄 뷔 잘, 훌륭하게

□ **सकना** 싸끄나- 조통 ~을 할 수 있다

□ **तेज से** 떼즈 쎄 뷔 빠르게

□ **शाबाश!** 샤-바-쉬 깜 훌륭해!

□ **ध्यान से** 단- 쎄 뷔 조심히, 주의 깊게

□ **कभी-कभी** 까비- 까비- 뷔 때때로

□ **खतरनाक** 까따르나-끄 형 위험한

□ **सही** 싸히- 형 올바른, 정확한

문법

❶ 조동사

조동사는 동사와 함께 쓰여서 부가적인 의미를 부여합니다. 힌디어의 조동사는 종류에 따라 함께 쓰이는 동사의 형태가 달라지므로, 이를 꼭 알아두어야 합니다. 힌디어에서 가장 많이 쓰이고 중요한 조동사들을 알아봅니다.

(1) सकना

सकना 싸끄나 는 '~할 수 있다'라는 뜻으로, 능력을 표현합니다. 조동사 **सकना**는 동사의 어근과 함께 쓰입니다.

> 동사의 어근 + **सकना**
>
> ~를 할 수 있다

मैं हिंदी बोल सकता हूँ।
메 힌디- 볼 싸끄따- 훙

나는 힌디어를 말할 수 있습니다.

वह सितार बजा सकता है।
워흐 씨따-르 바자- 싸끄따- 해

그는 시타르를 연주할 수 있습니다.

तुम क्या कर सकते हो?
뚬 꺄- 까르 싸끄떼 호

너는 무엇을 할 수 있니?

हम कार चला सकते हैं।
함 까-르 짤라- 싸끄떼 행

우리는 자동차를 운전할 수 있습니다.

(2) चाहना

चाहना 짜-흐나 는 '~하고 싶다'라는 뜻으로, 바람을 표현합니다. 조동사 **चाहना**는 동사의 원형과 함께 쓰입니다.

> 동사의 원형 + **चाहना**
>
> ~하고 싶다

आप क्या करना चाहते हैं?
압- 꺄- 까르나- 짜-흐떼 행

당신은 무엇을 하고 싶은가요?

वह दूध और चाय पीना चाहती है।
워흐 두-드ʰ 오우르 짜-이 삐-나- 짜-흐띠- 해

그녀는 우유와 짜이를 마시고 싶어 합니다.

मैं डॉक्टर बनना चाहता हूँ।
메 닥-떠르 반나- 짜-흐따- 훙

나는 의사가 되고 싶습니다.

यह घर को बेचना चाहती है।
예흐 가ʰ르 꼬 베쯔나- 짜-흐띠- 해

이 사람은 집을 팔고 싶어 합니다.

❷ 부사

부사는 시간, 빈도, 정도, 위치, 양 등을 나타내며, 형용사나 동사를 꾸며주는 역할을 합니다. 대부분 문장에서 형태의 변화 없이 사용되는 것이 특징입니다. 부사를 만드는 방법 중 하나는, 형용사 혹은 부사에 후치사 **से** 쎄 를 결합하는 것입니다.

실생활에서 많이 쓰이면서도 중요한 부사들을 알아봅니다.

부사	뜻	부사	뜻
अच्छी तरह से 아치- 따라흐 쎄	잘, 훌륭하게	**ठीक से** 틱- 쎄	제대로
जल्दी 잘디-, **तेज से** 떼즈 쎄	빨리	**धीरे** 디-레	천천히
लगातार 라가-따-르	계속해서	**सिर्फ** 씨르프	오직, 단지
ध्यान से 댠-쎄	조심스럽게	**जोर से** 조르 쎄	(소리가) 크게
बिल्कुल 빌꿀	완벽히	**बारबार** 바-르바-르	여러 번
बहुत 바훌뜨	매우, 아주	**कम** 깜	적게
मुश्किल से 무시낄 쎄	어렵게	**आसानी से** 아-싸-니- 쎄	쉽게
ज्यादा 쟈-다-	많이	**काफी** 까-피-	충분히
ज्यादा से ज्यादा 쟈-다- 쎄 쟈-다-	최대한	**कम से कम** 깜 쎄 깜	최소한
थोड़ा 토라-	조금	**लगभग** 라그바그	대략
आसपास 아-쓰빠-쓰	근처에	**ऊपर** 우-빠르	위에
नीचे 니-쩨	아래에	**सामने** 쌈-네	앞에
बाहर 바-하르	밖에	**अंदर** 안다르	안에
कभी-कभी 까비-까비-	때때로	**हमेशा** 하메샤-, **सदा** 싸다-	항상
अक्सर 아끄싸르	종종	**कभी भी** 까비- 비-	언제든지
अचानक 아짜-나끄	갑자기	**तुरंत** 뚜란뜨	즉시

बच्चे बाहर खेलते हैं। 아이들은 밖에서 놉니다.
밧쩨 바-하르 켈떼 행

हमेशा ध्यान से काम करो। 항상 조심해서 일을 해.
하메샤- 댠- 쎄 깜- 까로

मेरे घर के आसपास बाजार है। 나의 집 근처에는 시장이 있습니다.
메레 가흐 께 아-쓰빠-쓰 바-자르 해

मोहन कभी-कभी मछली पकाता था। 모한은 때때로 물고기를 요리하곤 했습니다.
모한 까비-까비- 마츨리- 빠까-따- 타-

문형연습

조동사와 부사를 활용하여 말해 보세요. 10-2

❶ 조동사

आप स्कूल के सामने सात बजे तक पहुँच सकते हैं? 당신은 학교 앞에 7시까지 도착할 수 있나요?
압- 쓰꿀- 께 쌈-네 싸-뜨 바제 따끄 뻬훙쯔 싸끄떼 행

हिंदी लिख सकता हूँ। 힌디어를 쓸 수 있습니다.
힌디 리크 싸끄따- 훙

हम इस सर्दी की छुट्टी में चेन्नई जा सकते हैं? 우리는 이번 겨울방학 때 첸나이에 갈 수 있나요?
함 이쓰 싸르디- 끼- 춛띠- 메 쩬나이 자- 싸끄떼 행

कल मैं तुम्हारे साथ फिल्म देखना चाहती हूँ। 내일 나는 너와 함께 영화를 보고 싶어.
깔 메 뚬하-레 싸-트 필름 데크나- 짜-흐띠 훙

आप किस के साथ कहाँ जाना चाहते हैं? 당신은 누구와 어디를 가고 싶나요?
압- 끼쓰 께 싸-트 까항- 자-나- 짜-흐떼 행

हम जैसलमेर से दिल्ली तक ट्रेन से जाना चाहते हैं।
함 제쌀메르 쎄 딜리- 따끄 뜨렌 쎄 자-나- 짜-흐떼 행
우리는 자이살메르에서 델리까지 기차로 가고 싶어요.

❷ 부사

और जोर से बोलो। 더 크게 말해.
오우르 조르 쎄 볼로

लगातार व्यायाम करने से शरीर अच्छा होगा। 계속해서 운동을 하면 몸이 좋아질 거예요.
라가-따-르 뱌-얌- 까르네 쎄 셰리-르 아차- 호가-

छोले भटूरे और मिठाई लेने के लिए कम से कम 100 रुपये देने हैं।
촐레 바^{h}뚜-레 오우르 미타-이- 레네 껠 리에 깜 쎄 깜 쏘우 루뻬 데네 행
촐레 바투레와 당과(미타이)를 사기 위해서는 최소한 100루피를 줘야 합니다.

धीरे-धीरे और ध्यान से कार चलाओ। 천천히 그리고 조심해서 운전해.
디^{h}-레디^{h}-레 오우르 단^{h}- 쎄 까-르 짤라-오

जल्दी कपड़ा बदलकर आइए। 빨리 옷을 갈아입고 오세요.
잘디- 까쁘라- 바달까르 아-이에

어휘

◆ 취미　　　　　　　　　　　　　　　　　　　　🎧10-3

फुटबॉल

뿟볼-

m. 축구

बेसबॉल

베스볼-

m. 야구

बास्केटबॉल

바-스껟볼-

m. 농구

गोल्फ

골프

m. 골프

वॉलीबॉल

발-리-볼-

m. 배구

तैरना

떼르나-

수영하다

दौड़ना

도르나-

달리다

व्यायाम करना

뱌-얌- 까르나-

운동하다

खेलना

켈르나-

(운동 종목을) 하다, 놀다

फिल्म देखना

필름 데크나-

영화를 보다

गाना सुनना

가-나- 순나-

음악을 듣다

गाना गाना

가-나- 가-나-

노래하다

किताब पढ़ना

끼땁- 빠르나-

독서하다

चित्र बनाना

찌뜨르 바나-나-

그림을 그리다

बजाना

바자-나-

(악기 등을) 연주하다

शॉपिंग करना

쇼-삥 까르나-

쇼핑하다

연습문제

1 의미에 맞게 빈칸에 알맞은 단어를 쓰세요.

(1) 당신은 학교 앞에 7시까지 도착할 수 있나요?

आप स्कूल के सामने सात बजे तक _____ सकते हैं? (동사)

(2) 모한은 때때로 물고기를 익히곤(요리하곤) 했습니다.

मोहन _____ मछली पकाता था। (부사)

(3) 이 사람은 집을 팔고 싶어 합니다.

यह घर को _____ चाहती है। (동사)

(4) 촐레 바투레와 당과를 사기 위해서는 최소한 100루피를 줘야 합니다.

छोले भटूरे और मिठाई लेने के लिए _____ 100 रुपये

देने हैं। (부사)

2 다음 문장을 해석하세요.

(1) हम कार चला सकते हैं।

_____

(2) मैं डॉक्टर बनना चाहता हूँ।

_____

(3) हम इस सर्दी छुट्टी में चेन्नई जा सकते हैं?

_____

(4) लगातार व्यायाम करने से शरीर अच्छा होगा।

_____

3 다음 문장을 힌디어로 쓰세요.

(1) 저는 인도에 가고 싶어요.

_____

(2) 너는 무엇을 할 수 있니?

_____

(3) 내일 나는 너와 함께 영화를 보고 싶어.(주어가 여자)

_____

(4) 더 크게 말해.

_____

(5) 항상 조심해서 일을 해.

_____

4 문장을 듣고 빈칸을 채우세요. 🎧 10-4

(1) आप _____ _____ _____ तैर सकते हैं?

(2) समुद्र _____ _____ है।

(3) वह सितार _____ _____ _____ ।

(4) मेरे _____ _____ _____ बाज़ार है।

(5) बच्चे _____ _____ _____ ।

◆ 인도의 인종 ◆

인도에는 매우 다양한 종교와 인종, 언어 등이 존재합니다. 특히, 인도의 인종은 깊이 들어가면 모두 파악하기 어려울 정도로 수많은 인종이 존재하지만, 크게 다음 3가지로 나뉩니다.

인도 북부 위주로 분포한 인도-아리안족(Indo-Aryan), 인도 남부 위주로 분포한 드라비다족(Dravidian), 인도 동부 위주로 분포한 아시아계 민족(Autro-Asiatic, Sino-Tibetan 등).

인도-아리안족은 인도 전체 인구의 약 75%를 차지하며, 주로 인도의 북부에 분포되어 있습니다. 드라비다족은 인도 전체 인구의 약 23-24%를 차지하며, 주로 인도 남부에 분포되어 있습니다. 마지막으로, 아시아계 민족은 인도 전체 인구의 약 2-3%를 차지하며, 인도의 동부에 주로 분포되어 있습니다. 이름에서도 알 수 있듯이 외형적으로 중국인, 일본인, 한국인과 매우 닮은 것이 특징입니다.

인도 사회에서는 소수민족에 대한 인종차별 문제가 심각하여, 소수민족을 대상으로 집단폭행, 인종혐오와 같은 인종차별 관련 범죄가 종종 벌어져 사회적으로 이슈가 되기도 합니다.

11

वहाँ जाने के लिए कितना देना है?

거기까지 가려면 얼마를 드려야 하나요?

대화를 듣고 큰 소리로 따라 읽어 보세요.

밍구	गुड़गाँव जाते हो?
	구르가-온 자-떼 호
रिक्शावाला	हाँ जी, गुड़गांव जाता हूँ। गुड़गांव में कहाँ जाना है?
	항- 지- 구르가-온 자-따- 훙 구르가-온 메 까항- 자-나- 해
밍구	एम्बिएंस मॉल के सामने जाना है।
	엠비언쓰 몰- 께 쌈-네 자나 해
	वहाँ जाने के लिए कितना देना है?
	워항- 자-네 껠 리에 끼뜨나- 데나- 해
रिक्शावाला	200(दो सौ) रुपये हैं। गुड़गांव यहाँ से बहुत दूर है।
	도 쏘우 루뻬 행 구르가-온 여항- 쎄 바훝뜨 두-르 해
밍구	बहुत महंगा है। थोड़ा डिस्काउंट दीजिए।
	바훝뜨 메헹가- 해 토라- 디스까-운뜨 디-지에
रिक्शावाला	अच्छा। तो 180(एक सौ अस्सी) रुपये दीजिए।
	아차- 또 에끄 쏘우 아씨- 루뻬 디-지에
밍구	ठीक है। चलें।
	틱- 해 짤렘

해석 ●

민구	구르가온 가나요?
릭샤 운전사	네, 구르가온 갑니다. 구르가온 어디로 가세요?
민구	엠비언스몰 앞으로 가야 해요. 그곳에 가려면 얼마를 드려야 하나요?
릭샤 운전사	200루피요. 구르가온은 여기에서 아주 멀어요.
민구	너무 비싸요. 좀 깎아 주세요.
릭샤 운전사	알겠어요. 그럼 180루피 주세요.
민구	알겠어요. 가시죠.

새 단어 ●

- □ **गुड़गाँव** 구르가-온 고명 구르가온(인도의 도시)
- □ **एम्बिएंस मॉल** 엠비언쓰 몰- 고명 엠비언스몰(구르가온의 쇼핑몰)
- □ **के सामने** 께 쌈-네 부 ～의 앞에
- □ **के लिए** 껠 리에 후 ～를 위하여

- □ **थोड़ा** 토라- 부 조금, 좀
- □ **डिस्काउंट** 디스까-운뜨 명 *m.* 할인
- □ **चलें** 짤랭 동 가시죠
  (**चलना** 짤르나 (가다)의 청유형)

문법

❶ 복합후치사

복합후치사는 2개 이상의 단어로 이루어진 후치사를 말합니다. 복합후치사와 결합되는 명사와 형용사는 단순후치사와 마찬가지로 사격 변화를 합니다.

(1) के बारे में (~에 대하여)

आप उस फिल्म के बारे में कैसे सोचते हैं?　당신은 그 영화에 대해 어떻게 생각해요?

압　우쓰　필름　께 바-레 메 께쎄 쏘쯔떼　헹

मेरे दोस्त ने मुझे उस आदमी के बारे में अच्छा बोला।

메레　도스뜨　네 무제ʰ 우쓰 아-드미- 께 바-레 메 아차-　볼라-

내 친구는 나에게 그 사람에 대해 좋게 말하였습니다.

(2) के बाद (~ 후에)

नहाने के बाद मैं सोया।　씻은 후에 나는 잤습니다.

나하-네 께 바-드 메 쏘야-

भारत पहुँचने के बाद मुझे फोन कीजिए।　인도에 도착한 후에 저에게 전화해 주세요.

바ʰ-라뜨　뻬훙쯔네 께 바-드 무제ʰ 폰　끼-지에

(3) से पहले (~ 전에)

दिल्ली जाने से पहले और कहाँ जाना है?　델리에 가기 전에 어디를 또 가야 하나요?

딜리-　자-네 쎄 뻬흘레 오우르 까항- 자-나-　해

खाना खाने से पहले हाथ धोना चाहिए।

카-나-　카-네 쎄 뻬흘레 하-트 도ʰ나- 짜-히에

밥을 먹기 전에 손을 씻어야 합니다(씻을 필요가 있습니다).

(4) के कारण (~ 때문에)

मुझे जुकाम होने के कारण मैं नहीं जा सकता हूँ।　감기에 걸려서 나는 갈 수가 없습니다.

무제ʰ 주깜-　호네 께 까-란　메 네힝- 자- 싸끄따-　훙

छुट्टी के कारण आज दुकानें बंद हैं।　휴가라서 오늘 상점들이 문을 닫았습니다.

출띠-　께 까-란　아-즈 두까-넹 반드 헹

(5) के लिए(~를 위하여, ~ 동안)

पलंग खरीदने के लिए कितने देना है?   침대를 사기 위해서 얼마를 드려야 하나요?

빨랑그   카리-드네   껠   리에   끼뜨네   데나-   해

हिंदी सीखने के लिए किताब चाहिए।   힌디어를 배우기 위해서 책이 필요합니다.

힌디-   씨-크네   껠   리에   끼땁-   짜-히에

(6) के साथ(~와 함께)

मैं पिताजी-माताजी के साथ भारत जाऊँगा।   나는 부모님과 함께 인도에 갈 것입니다.

메   삐따-지-마-따-지-   께   싸-트   바ʰ-라뜨   자-웅-가-

किस के साथ वह फिल्म देखी?   누구와 함께 그 영화를 보았습니까?

끼쓰   께   싸-트   워흐   필름   데키-

(7) के अलावा(~를 제외하고)

हिंदी के अलावा आप कौन सी भाषा बोलते हैं?   힌디어말고 당신은 어떤 언어를 말하나요?

힌디-   께   알라-와-   압-   꼬운   씨-   바ʰ-샤-   볼떼   행

इस के अलावा और क्या चाहिए?   이거말고 또 뭐가 필요해요?

이쓰   께   알라-와-   오우르   까-   짜-히에

(8) के पास(~를 갖고 있는(소유), ~의 근처(옆)에)

मेरे पास कलम और किताब हैं।   나는 펜과 책을 갖고 있습니다.

메레   빠-쓰   깔람   오우르   끼땁-   행

स्कूल के पास नदी है।   학교 근처(옆)에는 강이 있습니다.

스꿀-   께   빠-쓰   나디-   해

* **के पास** 께 빠-쓰를 소유의 의미로 사용할 경우 대상은 돈, 물건과 같이 타인에게 양도 가능한 사물이어야 합니다.

문형연습

🔊 복합후치사를 활용하여 말해 보세요.

🎧 11-2

कक्षा में हमने उस विषय के बारे में बातचीत की।

깍샤- 메 함네 우쓰 비셔예 께 바-레 메 바-뜨찌-뜨 끼-

수업 시간에 우리는 그 주제에 대해서 이야기했습니다.

राजीव चौक स्टेशन पर उतरने के बाद बस से घर जा सकते हैं।

라-지-브 쪼우끄 스떼션 빠르 우따르네 께 바-드 바쓰 쎄 가ʳ르 자- 싸끄떼 행

라지브쪼우끄역에서 내린 후에 버스로 집에 갈 수 있습니다.

होटल बुकिंग करने से पहले ध्यान से जाँच करो।

호딸 부낑 까르네 쎄 뻬흘레 단ʰ- 쎄 잔-쯔 까로

호텔 예약을 하기 전에 신중하게 확인을 해.

बारिश आने के कारण रिक्शा से नहीं आ सकते हैं।

바-리쉬 아-네 께 까-란 릭샤- 쎄 너힝-아- 싸끄떼 행

비가 오기 때문에 릭샤로 오지 못합니다.

हवाई अड्डा तक जाने के लिए कितना देना है?

하와-이 앋다- 따끄 자-네 껠 리에 끼뜨나- 데나- 해

공항까지 가기 위해서 얼마를 드려야 하나요?

हम सब के साथ ताजमहल देखने के लिए आगरा गए।

함 쌉 께 싸-트 따-즈마할 데크네 껠 리에 아-그라- 가에

우리는 모두 함께 타지마할을 보러 아그라에 갔습니다.

आपको थाली के अलावा क्या पसंद है?

압-꼬 탈-리- 께 알라-와- 꺄- 빠싼드 해

당신은 탈리말고 무엇을 좋아합니까?

पहाड़गंज के पास नई दिल्ली मेट्रो स्टेशन है।

빠하-르간즈 께 빠-쓰 나이- 딜리- 메뜨로 스떼션 해

바하르간즈 근처(옆)에는 뉴델리역이 있습니다.

어휘

◆ 교통

 11-3

रिक्शा
릭샤-
f. 릭샤

टैक्सी
떽씨-
f. 택시

ट्रेन
뜨렌
f. 기차

हवाई जहाज
하와-이- 자하-즈
m. 비행기

नाव
나-우
f. 배

कार
까-르
f. 자동차

साइकिल
싸-이낄
f. 자전거

पैदल से
빼달 쎄
걸어서

ट्रांसफर 뜨란-쓰퍼르	*m.* 환승	सीट 씨-뜨	*f.* 좌석
में चढ़ना 메 짜르ʰ나-	~을 타다	से उतरना 쎄 우따르나-	~에서 내리다
ट्रैफिक बत्ती 뜨레픽 받띠-	*f.* 신호등	लाल बत्ती 랄- 받띠-	*f.* 빨간불
पीली बत्ती 삘-리- 받띠-	*f.* 노란불	हरी बत्ती 하리- 받띠-	*f.* 초록불

연습문제

1   의미에 맞게 빈칸에 알맞은 복합후치사를 쓰세요.

(1) 인도에 도착한 후에 저에게 전화해 주세요.

भारत पहुँचने _____ _____ मुझे फोन कीजिए।

(2) 학교 옆에는 강이 있습니다.

स्कूल _____ _____ नदी है।

(3) 그곳에 가기 위해서 얼마를 드려야 하나요?

वहाँ जान _____ _____ कितना देना है?

(4) 감기에 걸려서 나는 갈 수가 없습니다.

मुझे जुकाम होने _____ _____ मैं नहीं जा सकता हूँ।

(5) 침대를 사기 위해서 얼마를 드려야 하나요?

पलंग खरीदने _____ _____ कितने देना है?

2   다음 문장을 힌디어로 쓰세요.

(1) 당신은 그 영화에 대해 어떻게 생각하세요?

_____

(2) 씻은 후에 나는 잤습니다.

_____

(3) 델리에 가기 전에 어디를 또 가야 하나요?

_____

(4) 휴가라서 오늘 상점들이 문을 닫았습니다.

_____

(5) 나는 부모님과 함께 인도에 갈 것입니다.

_____

3 다음 문장을 해석하세요.

(1) मेरे दोस्त ने मुझे उस आदमी के बारे में अच्छा बोला।

_____

(2) खाना खाने से पहले हाथ धोना चाहिए।

_____

(3) पहाड़गंज के पास नई दिल्ली मेट्रो स्टेशन है।

_____

(4) हिंदी के अलावा आप कौन सी भाषा बोलते हैं?

_____

(5) मेरे पास कलम और किताब हैं।

_____

4 문장을 듣고 빈칸을 채우세요.　　　　　　　　　🎧 11-4

(1) गुड़गांव में _____ _____ _____?

(2) एम्बिएंस मॉल _____ _____ _____ _____।

(3) गुड़गांव _____ _____ _____ _____।

(4) _____ डिस्काउंट _____।

(5) _____ _____ नहीं है।

인도문화기행

◆ 인도의 교통수단 ◆

인도에서 이용할 수 있는 교통수단은 릭샤, 버스, 기차, 지하철, 비행기, 택시 등이 있습니다.

버스, 기차, 지하철 등도 이동하기에 편리한 수단이 지만, 인도에서 가장 유명한 대중교통 수단은 릭샤입니다. 릭샤는 삼륜차이며, 릭샤를 운전하는 사람들을 '릭샤왈라'라고 부릅니다. 릭샤왈라들은 때때로 외국인 여행객이나 지역을 잘 모르는 사람들을 대상으로 폭리를 취하기도 합니다. 그래서 릭샤를 이용하고자 할 때에는 항상 경계를 하고 사기를 당하지 않도록 조심해야 합니다. 릭샤를 타기 전에 목적지까지 가는 데 드는 비용을 미리 사람들에게 묻는 것도 좋은 방법입니다.

▶ 인도의 교통수단

최근에는 애플리케이션과 모바일 기술이 발달하여 'Olacabs'와 'Uber' 등 택시, 릭샤 등을 휴대폰을 이용하여 원거리에서 호출하는 서비스가 생겼습니다.

▶ 릭샤

모바일로 자신이 이용할 교통수단과 거리를 설정하면 얼마 후에 자신의 위치로 그 교통수단이 도착합니다. 모바일로 예약할 경우 자동으로 결제가 되기 때문에 따로 기사와 흥정할 필요가 없다는 것이 가장 큰 장점입니다. 하지만 인도는 교통 체증이 극심하기 때문에 호출 후 도착하기까지 시간이 꽤 걸린다는 것을 감안해야 합니다.

12

कौन सा वाला सबसे अच्छा है?

어떤 것이 가장 좋나요?

주요문법

• 비교급   • 최상급

회화

대화를 듣고 큰 소리로 따라 읽어 보세요.

क्लर्क	नमस्ते जी। क्या चाहिए?
	나마스떼 지- 꺄- 짜-히에
मिंगु	मुझे कमीज चाहिए।
	무제ʰ 까미-즈 짜-히에
क्लर्क	ठीक है। कौन सा रंग चाहिए?
	틱- 해 꼬운 싸- 랑그 짜-히에
मिंगु	मैं सोच रहा हूँ। क्या रंग हैं? आप मुझे दिखा सकते हैं?
	메 쏘쯔 라하- 훙 꺄 랑그 행 압- 무제ʰ 디카- 싸끄떼 행
क्लर्क	ठीक है। हमारे पास 5 रंग हैं, लाल, सफेद, नीला, पीला, काला।
	틱- 해 하마-레 빠-쓰 빤-쯔 랑그 행 랄- 싸페드 닐-라- 삘-라- 깔-라-
	आप के लिए कौन सा वाला सब से अच्छा है?
	압- 껠 리에 꼬운 싸- 왈-라- 쌉 쎄 아차- 해
मिंगु	हां जी, सफेद और काली कमीजें अच्छी हैं।
	항- 지- 사페드 오우르 깔-리- 까미-젱 아치- 행
	लेकिन मेरे लिए सफेद वाली काली वाली से और अच्छी है।
	레낀 메렐 리에 사페드 왈-리- 깔-리- 왈-리- 쎄 오우르 아치- 해

해석

점원	안녕하세요. 무엇이 필요하세요?
민구	저는 셔츠가 필요해요.
점원	그렇군요. 어떤 색깔이 필요하세요?
민구	생각 중이에요. 어떤 색깔이 있나요? 저에게 좀 보여주실 수 있나요?
점원	좋아요. 저희에게는 5가지 색깔이 있는데, 빨강, 하양, 파랑, 노랑, 검정입니다.
	(당신에게는) 어떤 것이 가장 좋으세요?
민구	네, 하얀색과 검은색 셔츠가 좋네요.
	하지만 저에게는 하얀색이 검은색보다 좋을 것 같네요.

새 단어

- कमीज़ 까미-즈 명 f. 셔츠
- रंग 랑그 명 m. 색깔
- दिखाना 디카-나- 동 보여주다
- लाल 랄- 형 빨간
- सफ़ेद 싸페드 형 하얀

- नीला 닐-라- 형 파란
- पीला 삘-라- 형 노란
- काला 깔-라- 형 검은
- सबसे 쌉쎄 부 가장
- वाला 왈-라- 명 ~것, ~하는 사람

문법

① 비교급

비교급은 두 대상의 성질을 비교하여 말할 때 사용합니다. 비교급 표현에는 대상의 속성을 나타내는 형용사와 '~보다'의 의미를 갖는 후치사 से 쎄가 사용됩니다.

> **A + B + से + 형용사 + 호나(होना) 동사**
>
> A는 B보다 ~하다

मोहन गीता से बड़ा है। 모한은 기따보다 큽니다.
모한 기-따- 쎄 바라- 해

केला सेब से मिठा है। 바나나는 사과보다 답니다.
껠라- 쎄브 쎄 미타- 해

यह लड़की मुझसे लंबी है। 이 소녀는 나보다 큽니다.
예흐 라르끼- 무즈ʰ쎄 람비- 해

후치사 से 대신 की अपेक्षा 끼- 아뻭샤-가 쓰일 수 있습니다. 뜻은 동일합니다.

> **A + B + की अपेक्षा + 형용사 + 호나(होना) 동사**
>
> A는 B보다 ~하다

कोरिया भारत की अपेक्षा ठंडा है। 한국은 인도보다 춥습니다.
꼬리야- 바ʰ-라뜨 끼- 아뻭샤- 탄다- 해

मेरी किताब तुम्हारी किताब की अपेक्षा मोटी है। 나의 책은 너의 책보다 두꺼워.
메리- 끼땁- 뚬하리- 끼땁- 끼- 아뻭샤- 모띠- 해

비교급을 강조하기 위해서 ज्यादा 쟈-다- (훨씬), अधिक 아딕ʰ끄 (훨씬), और 오우르 (더) 등의 부사를 사용할 수 있습니다.

सीता बबीता से ज्यादा सुंदर है। 씨따는 바비따보다 훨씬 아름답습니다.
씨-따- 바비-따- 쎄 쟈-다- 순다르 해

राधा मुझे से अधिक बड़ी है। 라다는 나보다 훨씬 커.
라-다- 무제ʰ 쎄 아딕끄 바리- 해

अशोक विमल की अपेक्षा और लंबा है। 아쇼끄는 비말보다 더 큽니다.
아쇼끄 비말 끼- 아뻭샤- 오우르 람바- 해

② 최상급

최상급은 여러 개의 대상들의 성질을 비교하여, '제일/가장 ~하다'라고 말할 때 사용합니다. 최상급 표현은 '모든'이라는 뜻의 **सब** 쌉과 후치사 **से** 쎄를 함께 사용하여 나타냅니다.

> A + **सब** + **से** + 형용사 + 호나(**होना**) 동사
>
> A는 모든 것보다 ~하다(가장 ~ 하다)

मोहन सब से बड़ा है।   모한은 가장 큽니다.
모한   쌉   쎄   바라-   해

गीता स्कूल में सब से सुंदर है।   기따는 학교에서 가장 아름답습니다.
기-따-   쓰꿀-   메   쌉   쎄   순다르   해

आम सब से महंगा है।   망고는 가장 비쌉니다.
암-   쌉   쎄   메헹가-   해

सब 쌉 대신, 형용사와 후치사 **से** 쎄의 조합으로 동일한 뜻을 표현할 수 있습니다.

> A + 형용사 + **से** + 형용사 + 호나(**होना**) 동사
>
> A는 가장(제일) ~ 하다

* 단, '형용사 + **से** + 형용사'에서 두 형용사는 같은 단어이지만, **से**와 결합되는 앞의 형용사는 사격 변화 형태로 씁니다.

रूस दुनिया में बड़े से बड़ा है।   러시아는 세계에서 가장 큽니다.
루-쓰   두니야-   메   바레   쎄   바라-   해

बबीता छोटी से छोटी है।   바비따는 가장 작습니다.
바비-따-   초띠-   쎄   초띠-   해

यह वाला ठंडे से ठंडा है।   이것은 제일 찹니다.
예흐   왈-라-   탄데   쎄   탄다-   해

문형연습

🔊 비교급과 최상급을 활용하여 말해 보세요. 🎧 12-2

❶ 비교급

लाल वाला सफेद वाले से महंगा है। 빨간색이 하얀색보다 더 비쌉니다.

랄- 왈-라 싸페드 왈-레 쎄 메헹가- 해

काली वाली पीली वाली से सस्ती है। 검은색이 노란색보다 더 쌉니다.

깔-리 왈-리 삘-리 왈-리 쎄 싸스띠- 해

गुलाबी साड़ी हरी साड़ी से और सुंदर है। मैं पहन सकती हूँ?

굴라-비- 싸-리- 하리- 싸-리- 쎄 오우르 순다르 해 메 뻬헨 싸끄띠- 훙

핑크색 사리가 초록색 사리보다 더 아름답네요. 제가 입어볼 수 있나요?

❷ 최상급

कौन सी साड़ी सब से लोकप्रिय है? 어떤 사리가 가장 인기 있나요?

꼬운 씨- 싸-리- 쌉 쎄 로끄쁘리여 해

मुझे भारतीय पारंपरिक जूता चाहिए। सब से अच्छा वाला क्या है?

무제ʰ 바ʰ-라띠-여 빠-람빠릭끄 주-따- 짜-히에 쌉 쎄 아차- 왈-라- 꺄- 해

나에게는 인도 전통 신발이 필요해요. 가장 좋은 것이 무엇인가요?

महिलाओं के लिए यह वाला सब से अच्छा है। 여성분들을 위해서는 이것이 가장 좋습니다.

마힐라-옹 껠 리에 예흐 왈-라- 쌉 쎄 아차- 해

पुरुषों के लिए यह वाला सब से अच्छा है। 남성분들을 위해서는 이것이 가장 좋습니다.

뿌르숑 껠 리에 예흐 왈-라- 쌉 쎄 아차- 해

मेरे लिए यह टोपी सुंदर से सुंदर है। 나에게는 이 모자가 제일 아름다워요.

메렐 리에 예흐 또삐- 순다르 쎄 순다르 해

어휘

◆ 의류

 12-3

साड़ी

싸-리-

f. 사리

(인도 여성 전통의류)

सलवार कमीज

쌀와-르 까미-즈

f. 쌀와르 까미즈

(인도 및 남아시아 지역의 여성 전통의류 상·하의 한 벌)

कुर्ता पजामा

꾸르따 빠자-마

m. 꾸르따 빠자마

(인도 남성 전통의류 상·하의 한 벌)

जर्सी

자르씨-

m. 재킷

कमीज

까미-즈

f. 셔츠

बंडी

반디-

f. 조끼

दुप्पटा

둡쁘따-

f. 스카프

टोपी

또삐-

m. 모자

जूता

주-따-

m. 신발

चप्पल

짭빨

f. 슬리퍼

पेटी

뻬띠-

f. 벨트

दस्ताना

다쓰따-나

m. 장갑

मोजा

모-자-

m. 양말

कपास

까빠-쓰

f. 면(Cotton)

पहनना

뻬헨나-

입다

연습문제

1 의미에 맞게 빈칸에 알맞은 단어를 쓰세요.

(1) 가상 좋은 것이 무엇인가요?

_____ _____ अच्छा वाला क्या है?

(2) 이것이 가장 좋습니다.

यह वाला _____ _____ अच्छा है।

(3) 분홍색 사리가 초록색 사리보다 더 아름답습니다.

गुलाबी साड़ी हरी साड़ी _____ _____ सुंदर है।

(4) 검은색이 노란색보다 쌉니다.

काली वाली पीली वाली _____ _____ है।

(5) 어떤 사리가 가장 인기 있나요?

कौन सी साड़ी _____ _____ _____ है?

2 다음 문장을 해석하세요.

(1) बबीता छोटी से छोटी है।

_____

(2) सीता बबीता से ज्यादा सुंदर है।

_____

(3) मेरी किताब तुम्हारी किताब की अपेक्षा मोटी है।

_____

(4) मोहन गीता से बड़ा है।

_____

(5) लाल वाला सफेद वाले से महंगा है।

_____

3 다음 문장을 힌디어로 쓰세요.

(1) 바나나는 사과보다 답니다.

_____

(2) 이 소녀는 나보다 큽니다.

_____

(3) 한국은 인도보다 춥습니다.

_____

(4) 러시아는 세계에서 가장 큽니다.

_____

(5) 망고는 가장 비쌉니다.

_____

4 문장을 듣고 빈칸을 채우세요.　　　　　　　　　🎧 12-4

(1) _____ _____ _____ l

(2) आप _____ _____ _____ हैं?

(3) आप _____ _____ कौन सा वाला _____ _____

　　　 _____ है?

(4) _____ _____ 5 रंग हैं।

(5) मेरे लिए यह टोपी _____ _____ _____ _____ l

◆ 인도의 미신 ◆

과학이 발달한 현대에도 여전히 많은 국가에서 미신을 믿고 있습니다. 인도에서도 마찬가지로 많은 미신들이 존재합니다. 모든 사람들이 믿는 것은 아니지만, 사람들이 대체적으로 따르고 있는 미신들을 알아봅니다.

▶ 힌두교에서 행운의 여신인 락슈미와 가네쉬

01 토요일에 손톱과 머리를 자르면 불행이 온다.

02 검은 고양이가 걷고 있는 길 위로 지나가면, 좋지 않은 일이 생긴다.

03 13과 8은 좋지 않은 숫자로 여겨진다.

04 악몽을 꿀 때에는 침대 밑에 양파 혹은 칼을 넣어두면 더 이상 꾸지 않는다.

05 밤에 복도를 빗자루로 쓸면, 행운을 가져다 주는 락슈미 여신이 도망간다.

06 까마귀 똥은 행운을 가져다 준다.

07 행사 때 내는 돈에는 1루피를 더해서 준다. (1은 상서로운 의미를 지닌다.)

08 어린아이의 눈 주변과 이마 가운데에 검은색으로 화장을 하면, 악마가 아이를 보지 못한다.

13

पैसे जमा करवाना है।

돈을 입금해야 합니다.

주요문법

• 사역동사

대화를 듣고 큰 소리로 따라 읽어 보세요.

미ंगु **नमस्ते जी! मुझे पैसे जमा करवाना है।**
나마스떼   지- 무제ʰ   빠쎄   자마-   까르와-나   해

बैंकर **हाँ जी, आपको किस खाते में पैसे जमा करवाना है?**
항-   지-   압-꼬   끼쓰   카-떼   메   빠쎄   자마-   까르와-나   해

미ंगु **मैं अपने बचत खाते में पैसे जमा करवाना चाहता हूँ।**
메   아쁘네   바짜뜨   카-떼   메   빠쎄   자마-   까르와-나   짜-흐따-   훙

बैंकर **ठीक है, पैसे जमा करवाने के लिए यह फ़ॉर्म भरकर फिर आइए।**
틱-   해 빠쎄   자마-   까르와-네   껠 리에   여흐 파-름   바ʰ르까르   피르   아-이에

उसके बाद पैसे जमा करवा सकते हैं।
우스께   바-드   빠쎄   자마-   까르와-   싸끄떼   행

미ंगु **हाँ जी, बहुत धन्यवाद।**
항-   지-   바훌뜨   단ʰ야와-드

해석 •

민구 　　안녕하세요! 저의 돈을 입금(예금)하려고 합니다.

은행원 　그러시군요, 어떤 계좌에 입금(예금)하시겠습니까?

민구 　　저의 예금 계좌에 입금(예금)하고 싶습니다.

은행원 　알겠습니다, 돈을 입금(예금)하려면 이 양식을 쓰신 후에 다시 오세요.

　　　　그 이후에 돈을 입금(예금)하실 수 있습니다.

민구 　　알겠습니다, 정말 감사합니다.

새 단어 •

□ **पैसे जमा करना** 빼쎄 자마- 까르나- 동 예금/입금하다

□ **करवाना** 까르와-나- 동 하게끔 하다
　　　　　　(करना의 간접사역 형태)

□ **खाता** 카-따- 명 m. 계좌, 주소

□ **बचत खाता** 바짜뜨 카-따- 명 m. 예금 계좌

□ **फॉर्म** 파-름 명 m. 폼, 양식

□ **भरना** 바ʰ르나- 동 채우다

문법

❶ 사역동사

사역동사는 누군가에게 어떤 동작을 하도록 하는 의미를 나타낼 때 사용합니다.
사역동사는 행위를 하도록 하는 사람이 누구냐에 따라 직접사역과 간접사역, 2가지로 구분될 수 있습니다. 직접사역은 주어가 직접 하도록 하는 것이며, 간접사역은 주어가 제3자를 통하여 간접적으로 하도록 하는 것입니다.
사역동사를 익힐 때는 용어보다는, 형태와 의미의 차이를 정확하게 익히는 것이 중요합니다.

● 직접사역

직접사역동사는 주어가 대상에게 직접 행위를 하게 할 때 사용합니다. 동사의 직접사역형은 기본적으로 동사의 어근에 आ 아-를 붙여 나타냅니다. 불규칙 형태도 있으니, 반드시 함께 기억해 두어야 합니다.

동사	뜻	직접사역형	뜻
पढ़ना 빠르ʰ나-	공부하다	पढ़ाना 빠라ʰ-나-	가르치다
उठना 우트나-	일어나다	उठाना 우타-나-	일으키다
निकलना 니깔르나-	나오다	निकालना 니깔-르나-	나오게 하다(꺼내다)
बनना 반나-	되다	बनाना 바나-나-	만들다
करना 까르나-	하다	कराना 까라-나-	하게 하다
देना 데나-	주다	दिलाना 딜라-나-	주게 하다
खाना 카-나-	먹다	खिलाना 킬라-나-	먹이다
पीना 삐-나-	마시다	पिलाना 삘라-나-	마시게 하다
देखना 데크나-	보다	दिखाना 디카-나-	보여주다
धोना 도ʰ나-	빨다	धुलाना 둘ʰ라-나-	빨게 하다
सोना 쏘나-	자다	सुलाना 쑬라-나-	재우다
टूटना 뚜-뜨나-	부서지다	तोड़ना 또르나-	부서뜨리다

मैं मेरी बेटी को सुलाता हूँ।　나는 나의 딸을 재웁니다.

메　메리-　베띠-　꼬　쑬라-따-　훙

हमने वह घर बनाया।　우리는 그 집을 만들었습니다.

함네　워흐　가ʰ르　바나-야-

उसको उठाओ।　그를 일으켜.

우쓰꼬　우타-오

अध्यापक छात्रों को हिंदी पढ़ा रहा है।　선생님은 학생들에게 힌디어를 가르치고 있습니다.

아댜ʰ-빠끄　차-뜨롱　꼬　힌디-　빠라ʰ-　라하-　해

● 간접사역

간접사역은 주어가 제3자를 통해 대상에게 간접적으로 행위를 하게 할 때 사용합니다. 동사의 간접사역형은 기본적으로 동사의 어근에 **वा** 와 를 붙여 나타냅니다. 불규칙 형태도 있으니, 반드시 함께 기억해 두어야 합니다.

동사	뜻	간접사역형	뜻
पढ़ना 빠르나-	공부하다	पढ़वाना 빠르와-나-	가르치게 하다
उठना 우트나-	일어나다	उठवाना 우트와-나-	일으키게 하다
निकलना 니깔르나-	나오다	निकलवाना 니깔와-나-	꺼내게 하다
बनना 반나-	되다	बनवाना 반와-나-	만들게 하다
करना 까르나-	하다	करवाना 까르와-나-	하게 하다
देना 데나-	주다	दिलवाना 딜르와-나-	주게 하다
खाना 카-나-	먹다	खिलवाना 킬르와-나-	먹이게 하다
पीना 삐-나-	마시다	पिलवाना 삘르와-나-	마시게 하다
देखना 데크나-	보다	दिखवाना 디크와-나-	보여주게 하다
धोना 도-나-	빨다	धुलवाना 둘르와-나-	빨게 하다
सोना 쏘나-	자다	सुलवाना 쑬르와-나-	재우게 하다
टूटना 뚜-뜨나-	부서지다	तुड़वाना 뚜르와-나-	부서뜨리게 하다

간접사역 용법에서 행위자의 뒤에는 후치사 **से** 쎄 혹은 **के द्वारा** 께 드와-라-를 씁니다.

मैं मोहन से घर साफ करवाता हूँ। 나는 모한으로 하여금 집을 청소하게 합니다.
메 모한 쎄 가르 싸-프 까르와-따- 훙

माताजी ने अपनी बेटी के द्वारा पिताजी को किताब दिलवायी।
마-따-지- 네 아쁘니- 베띠- 께 드와-라 삐따-지- 꼬 끼땁- 딜르와-이-
어머니는 자신의 딸로 하여금 아버지에게 책을 주게 했습니다.

उसके द्वारा गीता उठवाओ। 그로 하여금 기따를 일으키게 해.
우쓰께 드와-라- 기-따- 우트와-오

문형연습

🔊 사역동사를 활용하여 말해 보세요. 🎧 13-2

बैंक में पैसे भेजवाने के लिए क्या चाहिए?

벵끄 메 빠쎄 베ʰ즈와-네 껠 리에 꺄- 짜-히에

은행에서 돈을 보내기 위해서는 무엇이 필요한가요?

बैंक का नाम और खाता नंबर लिखकर पैसे भेजवा सकते हैं।

벵끄 까- 남- 오우르 카-따- 넘버르 리크까르 빠쎄 베ʰ즈와- 싸끄떼 행

은행명과 계좌번호를 쓴 후에 돈을 보낼 수 있습니다.

एस.बी.आई बैंक खाते को पैसे भेजवाना चाहता हूँ।

에쓰 비- 아-이- 벵끄 카-떼 꼬 빠쎄 베ʰ즈와-나 짜-흐따- 훙

SBI(인도공영은행) 계좌로 돈을 보내고 싶습니다.

बैंक में खाता खुलवाने के लिए आईडी कार्ड या पासपोर्ट दिखाना है।

벵끄 메 카-따- 쿨르와-네 껠 리에 아-이-디- 깔-드 야- 빠-스뽀르뜨 디카-나- 해

은행에서 계좌를 열기 위해서는 주민등록증 혹은 여권을 보여주어야 합니다.

एटीएम से पैसे निकालने के लिए कार्ड लगाकर पासवर्ड दबाना है।

에띠-엠 쎄 빠쎄 니깔-르네 껠 리에 깔-드 라가-까르 빠-스월드 다바-나- 해

ATM에서 돈을 찾기 위해서는 카드를 넣고 비밀번호를 입력해야 합니다.

단어 **आईडी कार्ड** 아-이-디- 깔-드 주민등록증   **पासपोर्ट** 빠-스뽀르뜨 여권   **पासवर्ड** 빠-스월드 비밀번호

어휘

◆ 은행, 금융

 13-3

बैंक 벵끄	*m.* 은행	धन 단ʰ	*m.* 돈(자금)
पैसे बदलना 뻬쎄 바달르나-	환전하다	विनिमय दर 비니마에 다르	*f.* 환율
पैसे जमा करवाना 뻬쎄 자마- 까르와-나	예금/입금하다	पैसे निकालना 뻬쎄 니깔-르나	인출하다
पैसे भेजना 뻬쎄 베ʰ즈나-	송금하다	खाता 카-따-	*m.* 계좌
चालू खाता 짤-루- 카-따-	*m.* 입출금 계좌	बचत खाता 바짜뜨 카-따-	*m.* 예금 계좌
क्रेडिट कार्ड 끄레딧 깔-드	*m.* 신용카드	डेबिट कार्ड 데빗 깔-드	*m.* 직불카드
डॉलर 달-러르	*m.* 미화(USD)	वॉन 원-	*m.* 한화(KRW)
नोट 노뜨	*m.* 지폐	एटीएम 에띠-엠	*m.* ATM

연습문제

1 의미에 맞게 빈칸에 알맞은 단어를 쓰세요.

(1) 돈을 예금하려면 이 양식을 쓰신 후에 다시 오세요.

पैसे जमा _____ के लिए यह फॉर्म भरकर फिर आइए।

(2) ATM에서 돈을 찾기 위해서는 카드를 넣고 비밀번호를 입력해야 합니다.

एटीएम से पैस _____ के लिए कार्ड लगाकर पासवर्ड दबाना है।

(3) 은행에서 계좌를 열기 위해서는 주민등록증 혹은 여권을 보여주어야 합니다.

बैंक में खाता _____ के लिए आईडी कार्ड या पासपोर्ट _____ है।

(4) SBI(인도공영은행) 계좌로 돈을 보내고 싶습니다.

एस.बी.आई बैंक खाते को पैस _____ चाहता हूँ।

2 다음 문장을 해석하세요.

(1) माताजी ने अपनी बेटी के द्वारा पिताजी को किताब दिलवायी।

_____

(2) उसके द्वारा गीता उठवाओ।

_____

(3) बैंक में पैसे भेजवाने के लिए क्या चाहिए?

_____

(4) मुझे पैसे जमा करवाना है।

_____

(5) उसके बाद पैसे जमा करवा सकते हैं।

_____

3 다음 문장을 힌디어로 쓰세요.

(1) 나는 나의 딸을 재웁니다.

_____

(2) 우리는 그 집을 만들었습니다.

_____

(3) 나는 모한으로 하여금 집을 청소하게 합니다.

_____

(4) 그를 일으켜.

_____

(5) 선생님은 학생들에게 힌디어를 가르치고 있습니다.

_____

4 문장을 듣고 빈칸을 채우세요. 🎧 13-4

(1) मैं अपने _____ _____ में पैसे _____ _____ चाहता हूँ।

(2) मेरा खाता _____ _____ _____।

(3) यह फॉर्म _____ _____ _____।

(4) आपको किस खाते में _____ _____ _____ _____?

(5) माताजी ने अपनी बेटी _____ _____ पिताजी को _____

_____।

◆ 인도의 결혼식 문화 ◆

인도의 결혼식은 한국과 마찬가지로 가족의 큰 행사입니다. 인도에서는 전체 인구의 80% 정도가 전통 힌두식 결혼식을 행하고 있으며, 매우 성대하게 결혼식을 치르는 편입니다.

힌두 결혼식에서 가장 중요한 의식은 3가지가 있습니다. 깐야단(**कन्यादान**), 빠니그라한(**पनिग्रहन**), 쌉따빠디(**सप्तपदी**)가 그것입니다. 깐야단은 '아버지가 자신의 딸을 보낸다'라는 의미를 지닌 의식으로, 아버지가 딸의 손을 잡고 이동합니다. 빠니그라한은 신랑이 아버지의 손을 잡고 온 부인의 오른손을 잡고, 부인의 의무를 맹세하는 의식입니다. 마지막으로 가장 중요한 의식이 쌉따빠디입니다. 신부는 '망갈쑤뜨라(**मंगलसूत्र**)'라고 하는 목걸이를 건 채, 신랑과 함께 손을 잡고 불 주위를 7걸음 돕니다. 7걸음을 돌게 되면 신랑 신부는 법적으로 결혼한 부부로 인정받게 됩니다.

▶ 인도의 결혼식

인도의 결혼식에서 꼭 알아야 할 것은 신부 지참금 제도(**दहेज** 다우리)입니다. 이는 결혼을 할 때 신부 측에서 혼수품을 준비해서 남편 측에게 주는 관습인데, 신부 측 가족에게 과도한 부담이 되어 1961년부터 금지된 제도입니다. 딸이 많은 가정에서는 이 제도 때문에 결혼에 대한 부담을 안고 자살을 하기도 하는 등 심각한 사회 문제가 되기도 했습니다. 오랜 시간 이어져 온 만큼 여전히 그 관습이 남아 있기는 하지만, 최근에는 남편 측에서도 신부 측에게 받은 만큼 해주는 분위기로 점차 변화해 가고 있습니다.

14

अगर आप वेज थाली खाएँगे,
तो एक आम लस्सी मुफ्त में मिलेगी।

채식 탈리를 드시면, 망고 라씨 1개를 무료로 드립니다.

주요문법

• 추정법   • 조건문

회화

대화를 듣고 큰 소리로 따라 읽어 보세요.

클르크	नमस्ते जी। क्या खाना चाहते हैं?
	나마스떼 지- 꺄- 카-나- 짜-흐떼 행
밍구	लंच के लिए क्या अच्छा है?
	런쯔 껠 리에 꺄 아차- 해
클르크	आज स्पेशल इवेंट है। अगर आप वेज थाली खाएँगे, तो एक आम
	아-즈 스뻬샬 이벤뜨 해 아가르 압- 베즈 탈-리- 카-엥게 또 에끄 암-
	लस्सी मुफ्त में मिलेगी। और अगर आप नॉन वेज थाली खाएँगे,
	라씨- 무프뜨 메 밀레기 오우르 아가르 압- 넌- 베즈 탈-리- 카-엥게
	तो एक मीठी लस्सी मिलेगी।
	또 에끄 미-티- 라씨- 밀레기
밍구	बहुत अच्छा इवेंट है। तो मैं नॉन वेज थाली खाऊँगा।
	바훌뜨 아차- 이벤뜨 해 또 메 넌- 베즈 탈-리- 카-웅-가-
클르크	ठीक है। आज नॉन वेज थाली में चिकन है। और 200 रुपये का है।
	틱- 해 아-즈 넌- 베즈 탈-리- 메 찌칸 해 오우르 도 쏘우 루뻬 까- 해
밍구	हां जी, धन्यवाद।
	항- 지- 단ʰ야와-드

웨이터	안녕하세요. 무엇을 드시겠어요?
민구	점심을 위해서 어떤 것이 좋을까요?
웨이터	오늘은 특별 이벤트가 있습니다. 채식 탈리를 드시면, 망고 라씨 1개를 무료로 드립니다.
	그리고 육식 탈리를 드시면 스윗 라씨 1개를 드립니다.
민구	아주 좋은 이벤트네요. 그러면 저는 육식 탈리를 먹겠습니다.
웨이터	알겠습니다. 오늘 육식 탈리에는 치킨이 나옵니다. 200루피입니다.
민구	알겠습니다, 감사합니다.

새 단어 •

□ **लंच** 런쯔 몡 *m.* 점심
□ **स्पेशल इवेंट** 스뻬샬 이벤뜨 몡 *m.* 특별 이벤트
□ **अगर** 아가르 졉 만약
□ **वेज** 베즈 몡 *m.* 채식, 채식주의자
□ **थाली** 탈-리- 몡 *f.* 탈리, 인도식 백반; 접시

□ **तो** 또 졉 그러면
□ **मुफ्त** 무프뜨 혱 무료의
□ **मुफ्त में** 무프뜨 메 붑 무료로
□ **नॉन वेज** 넌- 베즈 몡 *f.* 육식, 육식주의자

문법

❶ 추정법

힌디어의 추정법은 기본적으로 불확실성을 내포하는 용법으로서, 기원(바람), 허락, 제안, 추정 등을 표현할 때 사용합니다. 특히, 기원(바람)은 생일, 신년 등 기념일에 축하나 덕담의 말에 사용할 수 있습니다.

동사의 추정형은 주어의 인칭과 수에 따라 다음과 같은 어미를 붙입니다. 형태상으로는 미래형 동사에서 맨 끝 어미인 **गा** 가, **गे** 게, **गी** 기를 뺀 형태입니다.

● **करना** 까르나 (하다), **खाना** 카나 (먹다)의 추정형

	단수			복수		
1인칭	**मैं** 메	-ऊँ 웅-	**करूँ** 까룽- **खाऊँ** 카-웅-	**हम** 함	-एँ 엥	**करें** 까렝 **खाएँ** 카-엥
2인칭	**तू** 뚜-	-ए 에	**करे** 까레 **खाए** 카-에	**तुम** 뚬	-ओ 오	**करो** 까로 **खाओ** 카-오
				आप 압-	-एँ 엥	**करें** 까렝 **खाएँ** 카-엥
3인칭	**यह** 예흐	-ए 에	**करे** 까레 **खाए** 카-에	**ये** 예	-एँ 엥	**करें** 까렝 **खाएँ** 카-엥
	वह 워흐			**वे** 웨		

(1) 기원, 소망(~하기를, ~하게 해주세요)

सब लोगों को शान्ति मिले।   모두에게 평화가 있기를.
쌉 로공 꼬 샨-띠 밀레

जन्म दिन मुबारक हो!   생일 축하해!
잔므 딘 무바-라끄 호

नया साल मुबारक हो!   새해 복 많이 받으세요!
나야- 쌀- 무바-라끄 호

(2) 허락, 제안

क्या मैं यहाँ बैठूँ?   제가 앉아도 될까요(앉을까요)?
꺄- 메 여항- 베퉁-

क्या हम अपनी गाड़ी से चलें?   우리는 당신의 차로 갈 수 있을까요?
꺄- 함 아쁘니- 가-리- 쎄 짤렝

क्या अभी खाना खाएँ?   지금 음식을 먹습니까(먹을까요)?
꺄- 아비h- 카-나- 카-엥

(3) 추정

वह घर में सोता हो।   (아마) 그는 집에서 잘 거야.

워흐 가'르 메 쏘따- 호

यह और बड़ा हो।   (아마) 이게 더 클 거야.

여흐 오우르 바라- 호

वह बाहर में खेल रहा हो।   (아마) 그는 밖에서 놀고 있을 거야.

워흐 바-하르 메 켈 라하- 호

② 조건문

힌디어의 조건문은 추정법을 바탕으로, 가정의 상황을 나타내는 용법입니다. 조건문에는 '만약'이라는 뜻의 접속사 **अगर** 아가르와 **यदि** 야디가 사용되며, 두 접속사의 뜻은 같습니다. '그렇다면'이라는 뜻의 **तो** 또 또는 일상 회화에서는 주로 생략됩니다.

> ### अगर/यदि A, तो B
>
> 만약 A한다면, 그렇다면 B할 것이다

위의 조건문에서 A, B 자리에는 행위의 발생 가능성에 따라, 추정형 혹은 미래형 동사의 직설법 형태가 올 수 있습니다. 추정형은 행위가 발생할 가능성이 비교적 적은 경우에 쓰며, 미래형 동사의 직설법 형태는 행위가 거의 확실히 발생하는 경우에 씁니다.

अगर मैं भारत जाऊँ, मैं तुम्हें चिट्ठी भेजूँ। 아가르 메 바'-라뜨 자-웅- 메 뚬헹 찓티- 베'중-	만약 내가 인도에 간다면, 너에게 편지를 보낼지 몰라. (두 행위 모두 불확실)
अगर मैं भारत जाऊँ, मैं तुम्हें चिट्ठी भेजूँगा। 아가르 메 바'-라뜨 자-웅- 메 뚬헹 찓티- 베'중-가-	만약 내가 인도에 간다면, 너에게 편지를 보낼게. (인도에 가는 것은 불확실, 편지 보냄은 확실)
यदि मैं भारत जाऊँगा, मैं तुम्हें चिट्ठी भेजूँ। 야디 메 바'-라뜨 자-웅-가- 메 뚬헹 찓티- 베'중-	내가 인도에 갈 건데, 너에게 편지를 보낼지 몰라. (인도에 가는 것은 확실, 편지 보냄은 불확실)
यदि मैं भारत जाऊँगा, मैं तुम्हें चिट्ठी भेजूँगा। 야디 메 바'-라뜨 자-웅-가- 메 뚬헹 찓티- 베'중-가-	내가 인도에 갈 건데, 너에게 편지를 보낼게. (두 행위 모두 확실)

अगर आप साथ हों, मुझे खुशी होगी। 만약 당신이 함께 한다면, 나는 기쁠 거예요.

아가르 압- 싸-트 홍 무제' 쿠씨- 호기-

यदि वह पढ़े, तो परीक्षा में अच्छा परिणाम मिलेगा।

야디 워흐 빠레' 또 빠릭-샤- 메 아차- 빠리남- 밀레가-

만약 그가 공부한다면, 시험에서 좋은 결과를 얻을 수 있을 거예요.

문형연습

🔊 추정법과 조건문을 활용하여 말해 보세요. 🎧 14-2

① 추정법

हम क्या खाएँ? चिकन या मटन? 우리는 뭘 먹죠? 닭고기 아니면 양고기?

함 까- 카엥 찌깐 야- 머뜬

शायद तंदूरी चिकन यहाँ का सब से स्वादिष्ट खाना है।

샤-야드 딴두-리 찌깐 여항- 까- 쌉 쎄- 스와-디스뜨 카-나- 해
탄두리 치킨은 이곳의 가장 맛있는 음식일 거예요.

शायद वह रेस्टोरेंट आज बंद हो। 아마도 그 식당은 오늘 닫았을 거예요.

샤-야드 워흐 레스또렌뜨 아-즈 반드 호

फल लेने के लिए कहाँ जाएँ? 과일을 사러 어디로 갈까요?

팔 레네 껠 리에 까항- 자-엥

शायद यह अनार बहुत मिठा हो। 이 석류는 아주 달 거예요.

샤-야드 예흐 아나-르 바훌뜨 미타- 호

अंगूर आज सवेरे आए हैं इसलिए शायद बहुत ताजे हों।

앙구르 아-즈 사웨레 아에 행 이쓸리에 샤-야드 바훌뜨 따-제 홍
포도는 오늘 아침에 와서 아주 신선할 거예요.

② 조건문

अगर आप तंदूरी चिकन खाएँ, तो एक नींबू ज्यूस मुफ्त में देते हैं।

아가르 압- 딴두-리- 찌깐 카-엥 또 에끄 님-부- 쥬-쓰 무프뜨 메 데떼 행
만약 탄두리 치킨을 드시면, 레몬 주스 한 잔을 무료로 드립니다.

अगर दाल मखानी खाएँ, तो एक तरबूज ज्यूस मुफ्त में देते हैं।

아가르 달- 마카-니 카-엥 또 에끄 따르부즈 쥬-스 무프뜨 메 데떼 행
만약 달 마카니를 드시면, 수박 주스 한 잔을 무료로 드립니다.

यदि अंगूर खरीदें, 1 किलो अनार मुफ्त में देते हैं।

야디 앙구-르 카리-뎅 에끄 낄로 아나-르 무프뜨 메 데떼 행
만약 포도를 사시면, 석류 1킬로를 무료로 드립니다.

यदि आप चिकन मखानी खाएँ, मैं दाल मखानी खाऊँगा।

야디 압- 찌깐 마카-니- 카-엥 메 달- 마카-니- 카-웅-가-
만약 당신이 치킨 마카니를 먹는다면, 저는 달 마카니를 먹겠어요.

어휘

◆ 음식　　　　　　　　　　　　　　　　　　　　　　 14-3

दाल मखानी 달- 마카-니-	*m.* 달 마카니 (인도식 콩커리)	चिकन मखानी 찌깐 마카-니-	*m.* 치킨 마카니 (인도식 치킨커리)
पालक पनीर 빨-락 빠니-르	*m.* 빨락 빠니르 (인도식 시금치치즈커리)	तंदूरी चिकन 딴두-리 찌깐	*m.* 탄두리 치킨 (화덕에 구운 인도식 치킨 요리)
चिकन 찌깐	*m.* 닭고기	मटन 머뜬	*m.* 양고기
फल 팔	*m.* 과일	सब्जी 쌉지-	*f.* 채소
अंगूर 앙구-르	*m.* 포도	अनार 아나-르	*m.* 석류
तरबूज 따르부-즈	*m.* 수박	नींबू 님-부-	*m.* 레몬
ज्यूस 쥬-쓰	*m.* 주스	रेस्टोरेंट 레스또렌뜨	*m.* 식당
स्वादिष्ट 스와-디스뜨	맛있는	ताजा 따-자-	신선한

연습문제

1 의미에 맞게 빈칸에 알맞은 단어를 쓰세요.

(1) 탄두리 치킨은 이곳의 가장 맛있는 음식일 거예요.

तंदूरी चिकन यहाँ का _____ _____ स्वादिष्ट खाना _____।

(2) 이 석류는 매우 달 거예요.

यह अनार बहुत मिठा _____।

(3) 만약 포도를 사시면, 석류 1킬로를 무료로 드립니다.

_____ अंगूर _____, 1 किलो अनार मुफ्त में देते हैं।

(4) 만약 탄두리 치킨을 드시면, 레몬 주스 한 잔을 무료로 드립니다.

_____ आप तंदूरी चिकन _____, तो एक नींबू ज्यूस मुफ्त में देते हैं।

2 다음 문장을 해석하세요.

(1) यदि वह पढ़े, तो परीक्षा में अच्छा परिणाम मिलेगा।

_____

(2) अगर आप साथ हों, मुझे खुशी होगी।

_____

(3) क्या हम अपनी गाड़ी से चलें?

_____

(4) सब लोगों को शान्ति मिले।

_____

(5) वह बाहर में खेल रहा हो।

_____

3 다음을 힌디어로 쓰세요.

(1) 생일 축하해!

_____

(2) 새해 복 많이 받으세요!

_____

(3) (아마) 그는 집에서 잘 거야.

_____

(4) (아마) 이게 더 클 거야.

_____

(5) 만약 당신이 일찍 온다면, 나도 갈지 몰라요.

_____

4 문장을 듣고 빈칸을 채우세요. 🎧14-4

(1) _____ _____ _____ _____?

(2) लंच _____ _____ _____ _____ _____?

(3) _____ आप वेज थाली खाएँगे, _____ एक आम लस्सी _____ _____ _____ ।

(4) मैं नॉन वेज _____ _____ ।

(5) _____ नॉन वेज _____ _____ _____ _____ ।

인도문화기행

◆ 인도의 음식 문화 ◆

인도는 종교의 영향으로 오래 전부터 채식 문화가 발달해 왔습니다. 또한, 힌두교와 이슬람교의 영향으로 대부분의 음식에 소고기와 돼지고기가 들어가지 않습니다. 인도인과 함께 식사를 할 경우, 상대방이 육식을 하는지(Non-Veg), 채식을 하는지(Veg) 꼭 확인하는 것이 예의입니다.

▶ 인도의 음식

인도의 채식 음식에는 콩을 넣어 만든 달 마카니(**दाल मखनी**), 시금치와 인도식 치즈를 넣어 만든 빨락 빠니르(**पालक पनीर**), 병아리콩으로 만든 촐레 바뚜레(**छोले भटूरे**), 탄두리에 밀가루 반죽을 넣어 만든 난(**नान**), 인도식 튀김만두인 사모사(**समोसा**) 등 수많은 종류들이 있습니다.

소고기와 돼지고기는 종교적인 이유로 많이 소비되지는 않지만, 인도에서는 채식 음식 못지않게 육식 요리가 발달되어 있어, 닭고기와 양고기, 해산물 등을 활용해서 만든 요리들이 많이 있습니다. 치킨과 버터를 넣어 만든 치킨 버터 마살라(**चिकन बटर मसाला**), 양고기 카레인 머튼 마살라(**मटन मसाला**), 새우를 넣어 만든 카레인 징가 마살라(**झींगा मसाला**), 닭고기를 화덕에 넣어 구워 만든 탄두리 치킨(**तंदूरी चिकन**) 등 많은 종류가 있습니다.

인도 사람들은 식사를 할 때 수저를 사용하기도 하지만, 주로 손을 사용합니다. 왼손은 화장실에서 용변을 본 후 세정할 때 사용하는 손으로 여겨, 식사를 할 때는 오른손을 사용합니다.

▶ 탄두리 치킨과 치킨커리

정답

정답

제 1과

1.

(1) मैं

나는 아름답습니다.

(2) वह

그것은 뜨겁습니다.

(3) आप

당신은 뚱뚱합니다.

(4) ये

이들은 좋습니다(괜찮습니다).

(5) तुम

너는 (키가) 크다.

2.

(1) हो

너는 좋다(괜찮다).

(2) है

그녀는 소녀입니다.

(3) हैं

그들은 소녀들입니다.

(4) हूँ

나는 좋습니다(괜찮습니다).

(5) है

너는 소녀이다.

3.

(1) (○) 나는 소녀입니다.

(2) (✕) 당신은 어떻습니까?

आप कैसा हैं? → आप कैसे हैं?

(3) (○) 너는 뚱뚱해.

(4) (○) 우리는 괜찮습니다.

(5) (✕) 그는 말랐다.

वह पतले हैं। → वह पतला है।

4. 🎧 01-4

(1) नमस्ते जी! 안녕하세요!

(2) आप कैसे हैं? 당신은 잘 지내세요?

(3) मैं अच्छा हूँ। 나는 좋습니다.

(4) वह ठंडा है। 그것은 차갑습니다.

(5) तुम अच्छे हो। 너는 좋아.

(6) आप से मिलकर बहुत खुशी हुई है।

당신을 만나서 반갑습니다.

제 2과

1.

(1) ये हिंदी की किताब और शब्दकोश नहीं हैं।

이것들은 힌디어 책과 사전이 아닙니다.

(2) वह कॉलेज का विद्यार्थी नहीं है।

그는 대학생이 아닙니다.

(3) (क्या) यह लड़का अच्छा है?

이 소년은 착합니까(좋습니까)?

(4) कमरा छोटा है।

방이 작습니다.

(5) कोरिया बड़ा है।

한국은 큽니다.

2.

(1) यह किताब है।

이것은 책입니다.

(2) वह खिड़की है।

그것은 창문입니다.

(3) हाँ, वह गाड़ी अच्छी है।

네, 저 자동차는 좋습니다.

(4) नहीं, यह किताब मोटी नहीं है।

아니요, 이 책은 두껍지 않습니다.

(5) हाँ, वह कॉलेज का विद्यार्थी है।

네, 저 사람은 대학생입니다.

3.

(1) (O)

(2) (×)

मैं कॉलेज का विद्यार्थी नहीं हूँ।

→ मैं कॉलेज का विद्यार्थी हूँ।

(3) (×)

नहीं, यह कपड़ा छोटा है।

→ हाँ, यह कपड़ा बड़ा है।

(4) (×)

वह मकान क्या है?

→ (क्या) वह मकान छोटा है?

(5) (O)

4. 🎧 02-4

(1) **यह क्या है?** 이것은 무엇입니까?

(2) **हाँ, मैं कोरियाई हूँ।** 네, 저는 한국인입니다.

(3) **मैं कॉलेज का विद्यार्थी हूँ।** 저는 대학생입니다.

(4) **क्या वह गाड़ी अच्छी है?** 저 자동차는 좋습니까?

(5) **यह चीन है?** 이곳은 중국입니까?

(6) **नहीं, यह ट्रेन लंबी नहीं है।**
아니요. 이 기차는 길지 않습니다.

제 3과

1.

(1) क्या

(2) कौन

(3) क्यों

(4) कैसे

(5) कहाँ

2.

(1) यह अच्छी दवा है।
이것은 좋은 약입니다.

(2) वे हाथी हैं।
그것들은 코끼리들입니다.

(3) वह घर है।
저것은 집입니다.

(4) वे आलू हैं।
저것들은 감자들입니다.

(5) वह गुड़िया है।
저것은 인형입니다.

3.

(1) 이곳은 인도입니까?

→ हाँ, यह भारत है।

(2) 잘 지내세요?

→ मैं अच्छा हूँ।(मैं ठीक हूँ।)

(3) 이곳은 어디입니까?

→ यह कोरिया है।

(4) 이 바나나는 얼마입니까?

→ यह केला 200 रुपये का है।

(5) 저 사람은 누구입니까?

→ वह मेरा भतीजा है।

4. 🎧 03-4

(1) **यह परिवार का फोटो है।**
이것은 가족 사진입니다.

(2) **परिवार में कौन कौन हैं?**
가족에는 누구누구 있나요?

(3) **परिवार में पिताजी, माताजी, छोटा भाई, छोटी बहन हैं।**
가족에는 아버지. 어머니, 남동생, 여동생이 있습니다.

(4) **आप के भाई और बहन की उम्र कितनी है?**
당신의 형제 자매의 나이는 어떻게 됩니까?

(5) **मेरी छोटी बहन 18 साल की है।**
나의 여동생은 18살입니다.

(6) **मेरा छोटा भाई 15 साल का है।**
나의 남동생은 15살입니다.

정답

제 4과

1.

(1) **का**(~의)

(2) **पर**(~ 위에)

(3) **से**(~에서), **तक** (~까지)

(4) **में**(~ 안에)

2.

(1) **लड़के**(남성 단수 명사의 사격)

(2) **लड़कियों**(여성 복수 명사의 사격)

(3) **पेड़ों**(남성 복수 명사의 사격)

(4) **मुझे**(1인칭 단수 대명사의 사격과 후치사 **को**의 결합형)

3.

(1) (✗)

दरवाजा पर क्या है? → दरवाजों पर क्या है?
(남성 복수 명사의 사격)

(2) (✗)

कोरिया तक भारत तक बहुत दूर है।

→ कोरिया से भारत तक बहुत दूर है।
(~에서)

(3) (✗)

मेज में क्या है? → मेज पर क्या है?
(~위에)

(4) (○)

(5) (✗)

इन पेंसिलों से रंग काला है।

→ इन पेंसिलों का रंग काला है।
(~의)

4. 🎧 04-4

(1) **कुर्सी पर क्या है?**

의자 위에는 무엇이 있나요?

(2) **आज स्कूल में कौन-कौन हैं?**

오늘 학교에는 누구누구 있습니까?

(3) **क्या आज स्कूल में इवेंट है?**

오늘 학교에 행사가 있나요?

(4) **वे छात्रों और छात्राओं के चित्र हैं।**

저것들은 남학생과 여학생들의 그림들입니다.

(5) **चित्रों में छात्रों के अपने पसंदीदे जानवर हैं।**

그림들에는 학생들 자신들이 좋아하는 동물들이 있습니다.

제 5과

1.

(1) जाएँगे

(2) आओगे

(3) रहूँगा

(4) खाओगी

2.

(1) कीजिए

(2) पढ़ो

(3) दीजिए

(4) बोलिएगा

3.

(1) कमरा साफ करो।

(2) एक मसाला चाय और एक समोसा दीजिएगा।

(3) मेरा भाई कल आएगा।

(4) कल मैं दिल्ली जाऊँगा और दोस्त से मिलूँगा।

(5) मैं दिल्ली में सिर्फ तीन दिन रहूँगा।

4. 🎧 05-4

(1) **आप कल क्या करेंगे?**
당신은 내일 무엇을 할 건가요?

(2) **चाय पीएँगे?**
짜이를 마실 건가요?

(3) **पानी भी दीजिए।**
물도 주세요.

(4) **कितने दिन दिल्ली में रहेंगे?**
델리에서 며칠 머무르실 건가요?

(5) **आप की यात्रा शुभ हो!**
편안한 여행 하세요!

4. 🎧 06-4

(1) **आज दिल्ली का मौसम कैसा है?**
오늘 델리의 날씨는 어떻습니까?

(2) **बारिश आ रही है।**
비가 내리고 있습니다.

(3) **तूफान आ रहा है।**
태풍이 오고 있습니다.

(4) **मैं घर में टेलिविजन देख रहा हूँ।**
저는 집에서 TV를 보고 있습니다.

(5) **मैं द्वारका जा रहा था।**
저는 드와르까에 가고 있었습니다.

제 6과

1.

(1) 태풍이 오고 있습니다.

(2) 날씨가 매우 춥습니다.

(3) 눈이 오고 있습니다.

(4) 날씨가 매우 덥습니다.

(5) 오늘은 매우 맑습니다(해가 쨍쨍합니다).

2.

(1) **मैं खाना खा रही हूँ।**

(2) **हम घर जा रहे थे।**

(3) **आप क्या कर रहे हैं?**

(4) **बारिश आ रही होगी।**

3.

(1) 당신은 무엇을 하고 있습니까?

→ **मैं टेलिविजन देख रहा हूँ।**

(2) 날씨가 어떻습니까?

→ **मौसम बहुत अच्छा है।**

(3) 당신은 어디에 가고 있었나요?

→ **मैं द्वारका जा रहा था।**

(4) 그녀는 집에서 책을 읽고 있습니까?

→ **हाँ, वह घर में किताब पढ़ रही है।**

(5) 너의 친구는 회사에서 일을 하고 있니?

→ **नहीं, मेरा दोस्त घर में चिट्ठी लिख रहा है।**

제 7과

1.

(1) 8시 30분

(2) 2시 40분 전

(3) 9시 반

(4) 월요일 밤 11시

(5) 토요일 아침 10시

2.

(1) **आप हर दिन क्या करते हैं?**

(2) **मैं सवेरे उठकर व्यायाम करता था।**

(3) **वह चाय पीकर गाना सुनती है।**

(4) **कितने बजे हैं?(क्या समय है?)**

(5) **तुम स्कूल में क्या करती थी?**

정답

3.

(1) 당신은 매일 언제 일어납니까?

 → मैं हर दिन छह बजे उठता हूँ।

(2) 당신은 언제 운동을 합니까?

 → मैं शाम सात बजे व्यायाम करता हूँ।

(3) 그녀는 어디에 갑니까?

 → वह भारत जाती है।

(4) 당신은 아침에 일어나서 무엇을 합니까?

 → मैं हाथ-मूँह धोकर कंपनी जाता हूँ।

(5) 오늘은 무슨 요일입니까?

 → आज बुधवार है।

4. 🎧 07-4

> (1) मैं हर सोमवार को क्रिकेट खेलता हूँ।
> 저는 매주 월요일에 크리켓을 합니다.
>
> (2) मैं घर जाता हूँ।
> 저는 집에 갑니다.
>
> (3) कितने बजे हैं?
> 몇 시인가요?
>
> (4) अभी नौ बजकर बीस मिनट हुए हैं।
> 지금은 9시 20분입니다.
>
> (5) मैं सवेरे उठकर व्यायाम करता था।
> 저는 아침에 일어나서 운동을 하곤 했습니다.

제 8과

1.

(1) 하다 / **किया**

(2) 먹다 / **खाया**

(3) 주다 / **दिया**

(4) 받다 / **लिया**

(5) 가다 / **गया**

(6) 공부하다, 읽다 / **पढ़ा**

(7) 보다 / **देखा**

(8) 듣다 / **सुना**

2.

(1) आपने कल क्या किया?

(2) मैंने ताजमहल देखा।

(3) शाहजहाँ ने ताजमहल बनवाया था।

(4) मैं कोरिया से आया हूँ।

(5) अगले साल वह भारत में पहुँचा होगा।

3.

(1) 우리는 집에 갑니다.

 → हम घर गए।
 우리는 집에 갔습니다.

(2) 나는 밥을 먹습니다.

 → मैंने खाना खाया।
 나는 밥을 먹었습니다.

(3) 그녀는 책을 읽습니다.

 → उसने किताब पढ़ी थी।
 그녀는 책을 읽었습니다.

(4) 이 사람은 인도에 갑니다.

 → यह भारत गया है।
 이 사람은 인도에 갔습니다.

(5) 저분은 음악을 듣습니다.

 → उन्होंने गाना सुना होगा।
 저분은 음악을 들었을 것입니다.

4. 🎧 08-4

> (1) आप भारत में कहाँ गए थे?
> 당신은 인도에서 어디를 가보셨습니까?
>
> (2) मैं तीन साल पहले भारत में आया।
> 저는 3년 전에 인도에 왔습니다.
>
> (3) हम द्वीप गये।
> 우리는 섬에 갔습니다.
>
> (4) मैंने चिकन खाया है।
> 저는 치킨을 먹었습니다.
>
> (5) मेरी माँ ने खाना नहीं पकाया होगा।
> 저의 어머니는 음식을 익히지(요리하지) 않았을 것입니다.

제 9과

1.

(1) आप को क्या पसंद है?

(2) मुझे बुखार है।

(3) मुझे सिरदर्द है।

(4) हर दिन व्यायाम करना है।

(5) उसे पानी चाहिए।

2.

(1) 저는 (어쩔 수 없이) 7시에 일어나야만 합니다.

(2) 그는 (어쩔 수 없이) 돈을 주어야만 합니다.

(3) 저는 오한도 있습니다.

(4) 저는 화가 납니다.

(5) 그는 기침이 있었습니다.

3.

(1) इसलिए

(2) लेकिन

(3) और

(4) क्योंकि

(5) या

4. 🎧 09-4

(1) आपको क्या तकलीफ है?

당신은 어떤 불편함이 있나요?

(2) मैंने सिर्फ कुल्फी खाया।

저는 꿀피만 먹었습니다.

(3) हमें चप्पल चाहिए।

우리는 슬리퍼가 필요합니다.

(4) मुझे बुखार है क्योंकि मुझे जुकाम है।

저는 감기에 걸려서 열이 있습니다.

(5) उसे पैसे देना पड़ता है।

그는 (어쩔 수 없이) 돈을 주어야만 합니다.

제 10과

1.

(1) पहुँच

(2) कभी-कभी

(3) बेचना

(4) कम से कम

2.

(1) 우리는 차를 운전할 수 있습니다.

(2) 나는 의사가 되고 싶습니다.

(3) 우리는 이번 겨울방학 때 첸나이에 갈 수 있나요?

(4) 계속해서 운동을 하면 몸이 좋아질 거예요.

3.

(1) मैं भारत जाना चाहता हूँ।

(2) तुम क्या कर सकते हो?

(3) कल मैं तुम्हारे साथ फिल्म देखना चाहती हूँ।

(4) और जोर से बोलो।

(5) हमेशा ध्यान से काम करो।

4. 🎧 10-4

(1) आप अच्छी तरह से तैर सकते हैं?

당신은 수영을 잘 할 수 있습니까?

(2) समुद्र कभी-कभी खतरनाक है।

바다는 때때로 위험합니다.

(3) वह सितार बजा सकता है।

그는 시타르를 연주할 수 있습니다.

(4) मेरे घर के आसपास बाजार है।

나의 집 근처에는 시장이 있습니다.

(5) बच्चे बाहर खेलते हैं।

아이들은 밖에서 놉니다.

정답

제 11과

1.
(1) के बाद
(2) के पास
(3) के लिए
(4) के कारण
(5) के लिए

2.
(1) आप उस फिल्म के बारे में कैसे सोचते हैं?
(2) नहाने के बाद मैं सोया।
(3) दिल्ली जाने से पहले और कहाँ जाना है?
(4) छुट्टी के कारण आज दुकानें बंद हैं।
(5) मैं पिताजी-माताजी के साथ भारत जाऊँगा।

3.
(1) 내 친구는 나에게 그 사람에 대해 좋게 말했습니다.
(2) 밥을 먹기 전에 손을 씻어야 합니다(씻을 필요가 있습니다).
(3) 바하르간즈 옆에는 뉴델리역이 있습니다.
(4) 힌디어말고 당신은 어떤 언어를 말하나요?
(5) 나는 펜과 책을 갖고 있습니다.

4. 🎧 11-4

(1) गुड़गांव में कहाँ जाना है?
구르가온 어디로 가야 하나요?

(2) एम्बिएंस मॉल के सामने जाना है।
엠비언스몰 앞으로 가야 합니다.

(3) गुड़गांव यहाँ से बहुत दूर है।
구르가온은 이곳에서 멉니다.

(4) थोड़ा डिस्काउंट दीजिए।
조금 할인해 주세요.

(5) उतना महंगा नहीं है।
그렇게 비싸지 않습니다.

제 12과

1.
(1) सब से(अच्छे से)
(2) सब से(अच्छे से)
(3) से और(की अपेक्षा और)
(4) से सस्ती(की अपेक्षा सस्ती)
(5) सब से लोकप्रिय(लोकप्रिय से लोकप्रिय)

2.
(1) 바비따는 가장 작습니다.
(2) 씨따는 바비따보다 훨씬 아름답습니다.
(3) 나의 책은 너의 책보다 두꺼워.
(4) 모한은 기따보다 큽니다.
(5) 빨간색이 하얀색보다 비쌉니다.

3.
(1) केला सेब से मिठा है। (मिठे से मिठा)
(2) यह लड़की मुझसे लंबी है। (मुझ की अपेक्षा)
(3) कोरिया भारत की अपेक्षा ठंडा है। (भारत से)
(4) रूस दुनिया में बड़े से बड़ा है। (सब से बड़ा)
(5) आम सब से महंगा है। (महंगे से महंगा)

4. 🎧 12-4

(1) मुझे कमीज चाहिए।
저는 셔츠가 필요합니다.

(2) आप मुझे दिखा सकते हैं?
당신은 저에게 보여줄 수 있나요?

(3) आप के लिए कौन सा वाला सब से अच्छा है?
당신에게는 어떤 것이 가장 좋나요?

(4) हमारे पास 5 रंग हैं।
저희는 5가지 색깔이 있습니다.

(5) मेरे लिए यह टोपी सुंदर से सुंदर है।
저에게는 이 모자가 가장 아름답네요.

제 13과

1.

(1) करवाने

(2) निकालने

(3) खुलवाने, दिखाना

(4) भेजवाना

2.

(1) 어머니는 자신의 딸로 하여금 아버지에게 책을 주게 했습니다.

(2) 그로 하여금 기따를 일으키게 해.

(3) 은행에서 돈을 보내기 위해서는 무엇이 필요한가요?

(4) 저의 돈을 예금(입금)하려고요.

(5) 그 이후에 돈을 예금(입금)하실 수 있습니다.

3.

(1) मैं मेरी बेटी को सुलाता हूँ।

(2) हमने वह घर बनाया।

(3) मोहन से घर साफ करवाता हूँ।

(4) उसको उठाओ।

(5) अध्यापक छात्रों को हिंदी पढ़ा रहा है।

4. 🎧 13-4

(1) मैं अपने बचत खाते में पैसे जमा करवाना चाहता हूँ।
이 양식을 쓰신 후에 다시 오세요.

(2) मेरा खाता बचत खाता है।
제 계좌는 예금계좌입니다.

(3) यह फॉर्म भरकर फिर आइए।
이 양식을 쓰신 후에 다시 오세요.

(4) आपको किस खाते में पैसे जमा करवाना है?
당신은 어느 계좌에 돈을 예금(입금)하십니까?

(5) माताजी ने अपनी बेटी के द्वारा पिताजी को किताब दिलवायी।
어머니는 자신의 아들로 하여금 아버지에게 책을 주게 하였습니다.

제 14과

1.

(1) सब से, हो(स्वादिष्ट से, हो)

(2) हो

(3) अगर, खरीदें(यदि, खरीदें)

(4) अगर, खाएँ(यदि, खाएँ)

2.

(1) 만약 그가 공부한다면, 시험에서 좋은 결과를 얻을 수 있을 거예요.

(2) 만약 당신이 함께 한다면, 나는 기쁠 거예요.

(3) 우리는 당신의 차로 갈 수 있을까요?

(4) 모두에게 평화가 있기를.

(5) 그는 밖에서 놀고 있을 거예요.

3.

(1) जन्म दिन मुबारक हो!

(2) नया साल मुबारक हो!

(3) वह घर में सोता हो।

(4) यह और बड़ा हो।

(5) अगर आप जल्दी आएँ, मैं भी जाऊँ।

4. 🎧 14-4

(1) क्या खाना चाहते हैं?
무엇을 드시고 싶으세요?

(2) लंच के लिए क्या अच्छा है?
점심을 위해서는 어떤 것이 좋나요?

(3) अगर आप वेज थाली खाएँगे, तो एक आम लस्सी मुफ्त में मिलेगी।
만약 당신이 채식 탈리를 드시면, 망고 라씨 한 잔을 무료로 드립니다.

(4) मैं नॉन वेज थाली खाऊँगा।
저는 육식 탈리를 먹겠습니다.

(5) आज नॉन वेज थाली में चिकन है।
오늘 육식 탈리에는 치킨이 나옵니다.